AF411163

ENTRETIENS

DE DÉVOTION

SUR

LE SAINT SACREMENT

DE L'AUTEL

PAR LE R. P. J. CRASSET

de la Compagnie de Jésus

NOUVELLE ÉDITION

REVUE

Et augmentée d'une méthode de visites au S. S.

PAR LE R. P. J. CROIZET

de la même Compagnie

PARIS

JULIEN, LANIER ET C., ÉDITEURS

RUE DE BUCI, 4, F. S.-G.

1854

ENTRETIENS

DE DÉVOTION

ENTRETIENS

DE DÉVOTION

SUR

LE SAINT SACREMENT

DE L'AUTEL.

PREMIER ENTRETIEN.

En forme de dialogue sur l'institution du saint Sacrement.

LE DISCIPLE.

Je parlerai à mon Seigneur, quoique je ne sois que cendre et que poussière.

O mon Dieu, que votre sagesse est admirable! que vos desseins

1

sont profonds ! et que vos pensées sont élevées au-dessus des nôtres ! D'où vient que vous êtes demeuré sur la terre, puisque votre corps est à présent immortel et glorieux? le plus noble de tous les corps ne doit-il pas être au-dessus de tous les astres? Et puisque votre trône est dans le ciel, n'est-ce pas contre l'ordre, que vous demeuriez encore sur la terre? un roi comme vous, et le plus grand des rois doit être dans son palais, et non pas dans une prison.

LE MAITRE.

Je suis demeuré sur la terre, pour contenter mon amour. Je converse avec les hommes, pour contenter leur désir. Je suis avec mes disciples, pour les consoler. Je me trouve au milieu de mes brebis, pour les défendre. Je me suis donné à mon Église, pour lui servir de victime et de sacrifice.

Vous n'auriez point de religion, si vous n'aviez un sacrifice; et, puisque les anciens sont abrogés, il faut que je sois jusqu'à la fin du monde immolé à la gloire de mon Père, n'y ayant que moi qui lui puisse être offert en qualité de victime.

Mon corps est au ciel, comme en son lieu naturel; mais il est en terre comme en un lieu sacramentel. Quand je suis descendu en terre, je n'ai pas quitté le ciel; et, quand je suis remonté au ciel, je n'ai pas pour cela quitté la terre.

LE DISCIPLE.

Cette pensée me console et me fait concevoir qu'il fallait que vous demeurassiez au monde pour nous servir de victime. Mais d'où vient, Seigneur, que vous ne vous rendez pas visible à nos yeux? Pourquoi vous cachez-vous sous ces espèces sacramentelles, puisque vous voulez être aimé? L'amour entre par les yeux; si vous vous faisiez voir tel que vous êtes, vous enlèveriez tous les cœurs, vous empêcheriez tous les crimes, vous étoufferiez toutes les hérésies, vous consoleriez tous les misérables, vous convertiriez tous les pécheurs, vous sauveriez tous les hommes.

LE MAITRE.

Je suis un Dieu caché ; on ne me peut voir, si on ne meurt auparavant. J'ai caché ma divinité sous la forme d'un homme, et je cache à présent mon humanité sous la forme de pain. Puisque votre vie est un état de foi, il faut que mon corps y soit voilé ; puisque votre vie est un état de mérite, il faut que votre esprit y soit humilié.

Adam, dans le paradis terrestre, a donné plus de créance à la parole du serpent, qu'à la mienne. Pour réparer cette faute, et pour punir cette curiosité, il faut que l'homme défère plus à ma parole, qui lui dit que c'est là mon corps, qu'à celle de Satan, qui lui dit que ce ne l'est pas. La foi consacre votre esprit, et de profane le rend religieux. Elle vous fait comprendre ce qui est incompréhensible; elle élève vos connaissances au-dessus de la raison; elle humilie votre orgueil, et vous rend soumis. Il faut croire pour voir. La foi est le principe du mérite et le fondement de la gloire; comment aurez-vous la foi, si vous voyez ce que vous croyez, puisqu'elle est essentiellement obscure!

LE DISCIPLE.

Je connais, mon Seigneur, que votre humanité devait être l'objet de notre foi, aussi bien que votre divinité, et qu'ainsi l'une et l'autre devaient être cachées; mais pourquoi sous la forme de pain? Cet état est-il convenable à un homme, à un roi et à un Dieu? N'est-il pas juste que nous vous honorions sur la terre? Et qui vous peut honorer dans cet état et sous cette figure? Voyez les outrages qu'on vous fait, et combien il en coûte à votre gloire d'avoir voulu contenter votre amour.

LE MAITRE.

Ma sagesse ne serait pas infinie, si elle n'était incompréhensible; elle ne serait pas admirable, si elle n'était inconcevable. La bonté se doit faire connaitre pour se faire aimer; mais la sagesse se doit cacher pour se faire admirer. L'une aime le jour et l'autre la nuit.

Qu'y a-t-il d'indécent à celui qui aime? N'est-ce pas un plus étrange changement et un état moins convenable à la personne d'un Dieu de paraître sous la forme d'un homme, qu'à la personne d'un homme de paraître sous la forme de pain?

Je suis la vérité qui doit remplir les figures. L'agneau pascal, la manne du désert, les pains de proposition étaient la figure de mon corps et de ce divin Sacrement. Puisqu'on mangeait les figures, qui doit trouver étrange qu'on mange la vérité?

Je vous ai communiqué par ma mort une vie divine qui a besoin de nourriture aussi bien que la corporelle. Puisque l'aliment doit être de même nature que celui qui le prend, le chrétien qui vit d'une vie divine n'a-t-il pas besoin d'une nourriture divine?

Si vous ne mangez ma chair, vous n'aurez ni la vie de la grâce en ce monde, ni la vie de la gloire en l'autre. Voilà le commandement que je vous ai fait et qui oblige tous les hommes. Il faut donc que ma chair leur soit donnée sous une forme d'aliment dont tous les hommes puissent user. Les hommes ont tous des goûts différents, mais tous aiment le pain. C'est le roi des aliments et la nourriture la plus naturelle de l'homme. C'est donc cette forme que j'ai dû prendre pour me faire manger sans horreur et même avec plaisir. Je me suis fait votre nourriture pour entrer dans le fond de votre cœur, pour vous communiquer mon Esprit, pour guérir et sanctifier votre corps, pour apaiser les ardeurs de votre concupiscence, pour purifier la masse de votre sang, et pour faire passer dans votre chair les qualités virginales de la mienne.

J'ai pris la forme de pain pour vous montrer, par les effets qu'il produit au corps, ce que le mien fait à vos âmes. Il est composé de plusieurs grains, et je veux que tous me mangent.

Le pain se convertit en celui qui le mange, et moi qui suis plus noble que vous, je vous transforme en moi. *Comme je vis pour mon Père, celui qui mangera vivra pour moi.*

LE DISCIPLE.

O Maître divin, que votre sagesse est admirable! que vos conseils sont merveilleux! que votre conduite est surprenante! Oh! véritablement vous êtes un Dieu caché, le sauveur d'Israël! Oh! quel pain! oh! quel festin! oh! quelle table! oh! quelles noces! Oh! je vous suis obligé d'être demeuré parmi nous, et d'avoir pris cette figure pour nous transformer en vous! Que ferai-je pour reconnaître une si grande bonté?

Puisque vous demeurez avec moi, je veux demeurer avec vous. Puisque vous vous humiliez pour moi, je me veux humilier pour vous. Puisque vous mourez tous les jours pour moi, je veux mourir tous les jours pour vous. Puisque vous faites de si grandes choses pour vous unir à moi, je ferai tout mon possible pour m'unir à vou s. Ainsi soit-il.

IIᵉ ENTRETIEN.

Sur l'amour que Jésus-Christ nous témoigne au saint
Sacrement de l'Autel.

De tous les noms que les Pères
ont donné à ce divin sacrement, le
plus propre et le plus juste est
celui de Sacrement d'amour, parce
que l'amour y est comme sur son
trône et qu'il y fait éclater toutes
ses grandeurs. Toutes les autres
perfections de Notre-Seigneur y
sont comme cachées; il n'y a que
son amour qui s'y soit fait voir
comme à découvert. C'est un Sacrement d'amour, parce qu'il procède d'amour, parce qu'il satis-

fait l'amour; parce qu'il produit l'amour.

§ I.

Il procède d'amour, car le Fils de Dieu l'a institué la veille de sa mort, lorsque Judas traitait avec les Juifs pour le perdre et pour l'ôter du monde. Il s'est laissé à son Église pour demeurer avec elle jusqu'à la consommation des siècles, et lui a légué son corps et son sang par testament, comme le dernier gage de son amour. Son Père lui avait ordonné de mourir, mais nous ne lisons point qu'il lui ait fait le commandement d'instituer ce grand mystère : c'est l'amour qui l'y a obligé. Il est monté au ciel par obéissance, mais il est demeuré sur la terre par amour. Il n'a pas attendu que ses ennemis se soient saisis de sa personne ; il a prévenu leur violence et s'est donné lui-même, de peur que la haine n'eût de l'avantage sur son amour, et ne se vantât d'avoir sacrifié la première victime de notre rédemption.

Or, si son Père ne l'y obligeait pas, beaucoup moins les hommes pouvaient-ils l'y contraindre, eux qui, bien loin de mériter cette grâce, l'avaient positivement démérité par les injures, par les outrages, par les mépris, par les persécutions et par les mauvais traitements qu'ils lui avaient faits, depuis sa naissance jusqu'alors. Il voyait qu'ils conspiraient contre lui, qu'ils l'allaient fouetter comme

un esclave et crucifier comme un
voleur; qu'après sa résurrection et
son ascension, les Juifs le poignar-
deraient dans l'hostie; les hérétiques le fouleraient aux pieds, et
le donneraient aux chiens; les magiciens en feraient leurs charmes;
et les chrétiens, le sujet de leur
damnation, en le faisant descendre
dans leur cœur comme dans un
enfer, et profanant ces divins mystères par des sacriléges abominables. Et néanmoins cela ne l'empêche point de se donner par
testament, ce qui est la marque la
plus éclatante de son amour; car
celui qui meurt sans avoir déclaré
ses dernières volontés laisse ses
biens à ses héritiers, qui ne lui en
savent aucun gré, parce que c'est

la nécessité qui l'en a dépouillé ; mais celui qui fait son testament et qui dispose de ses biens en faveur d'un ami qui n'avait aucun droit à son héritage, lui donne par là des marques assurées de son affection.

C'est ce qu'a fait le Fils de Dieu la veille de sa mort. Il a fait son testament, et il a déclaré les hommes légataires universels de tous ses biens, même de son corps et de son sang, qu'il leur a donné en nourriture jusqu'à la fin du monde. Il n'attend pas après la mort pour leur faire du bien, il les met dès son vivant en possession de ce précieux héritage. Qui ne voit que c'est par amour qu'il nous a fait cette donation ?

§ II.

Si ce Sacrement procède d'amour, il le contente aussi, et le satisfait infiniment, car l'amour n'a qu'un désir, celui de s'unir à l'objet aimé. Le Fils de Dieu contracte deux unions étonnantes dans ce divin mystère : l'une avec les espèces sacramentelles, l'autre avec celui qui le reçoit. La première est si grande, que quelques Pères la comparent à celle de l'humanité sainte avec le Verbe. Et que doit-on penser de celle qu'il contracte avec nous, puisque la fin est toujours plus noble que les moyens, et que le Fils de Dieu ne convertit le pain en son corps que pour nous convertir en lui?

De toutes les unions, il n'y en a point de plus forte ni de plus intime que celle de la viande avec celui qui la prend. C'est la plus forte, parce qu'il n'y a que Dieu qui puisse séparer les aliments de la substance de celui qui les a mangés et digérés. C'est la plus intime, car la viande n'entre pas seulement dans l'estomac, mais elle se répand par tout le corps; elle s'unit substantiellement à toutes les parties, elle s'insinue dans tous les pores, elle pénètre dans tous les os, et se confond tellement avec la substance de celui qui l'a prise, qu'il n'y a que Dieu, comme j'ai dit, qui la puisse démêler. Il ne se fait plus qu'une chair, qu'un corps et qu'une personne de l'aliment et de celui qui l'a pris.

Voilà ce que fait à peu près le Fils de Dieu dans l'âme de celui qui le reçoit dignement. Comme il se donne par forme d'aliment, il s'unit si fortement et si intimement à lui, qu'il ne fait en quelque façon qu'une personne de l'un et de l'autre. C'est un homme au dehors après la communion, mais c'est un Dieu au dedans. On ne voit que l'espèce d'un pécheur, mais c'est une espèce sacramentelle, qui couvre et cache un Dieu. C'est un sacrement vivant. C'est une hostie consacrée et transformée en Jésus-Christ : *Ce n'est pas moi qui vis, c'est Jésus-Christ qui vit en moi.*

Voilà ce que peut dire celui qui s'est approché dignement de la sainte Table. Oh! que l'amour est satisfait d'une union si grande, si noble et si étroite!

§ III.

Enfin ce sacrement produit l'amour. L'âme y voit son bien-aimé; elle jouit de sa présence; elle le fait entrer dans son cœur; elle y est comblée de ses bienfaits; elle s'y enrichit de ses mérites; elle y goûte sa douceur et ses consolations; elle le serre, l'embrasse, lui parle, l'écoute; elle se change même et se transforme en lui. La connaissance produit l'amour, la présence le nourrit, les bienfaits l'enchaînent, l'affection l'embrase. Et comment est-ce qu'une âme pourrait ne pas aimer Jésus en ce divin Sacrement où il se fait voir, où il se fait sentir, où il se fait goûter, où il traite avec tant de familiarité avec elle, où il lui témoigne tant d'affection, où il lui ouvre son Cœur, où il lui fait part de sa divinité, où il la comble de ses grâces?

§ IV.

Si ce Sacrement procède d'amour, s'il contente l'amour et s'il produit l'amour, hélas! d'où vient que je suis tout de glace quand je communie? Le cœur peut résister à la haine, mais il ne peut se défendre de l'amour. Qui est-ce qui n'aime point le pain qui le nourrit? Où est la brebis qui n'aime point son

pasteur? le malade son médecin?
l'ami le plus fidèle de tous les
amis? l'épouse le plus aimable de
tous les époux? O prodige étrange,
être tout de glace dans une fournaise d'amour! Mon cœur, de
de quelle nature es-tu? voilà l'a-
mour qui t'environne, et tu ne
sais ce que c'est que d'aimer?
Voilà l'amour devant mes yeux,
le voilà dans ma bouche, le voilà
dans mes entrailles, le voilà dans
le plus profond de mon âme, le
voilà qui me parle, qui me ca-
resse, qui m'embrasse, qui me
nourrit, qui m'échauffe, qui me
brûle, et je ne sais ce que c'est que
d'aimer!

D'où vient cette insensibilité?

Ah! c'est que j'aime trop le

monde; c'est que je ne mortifie point mes désirs; c'est que je ne fais point de violence à mes passions; c'est que je suis trop délicat et trop sensuel; c'est que je suis vain; c'est que j'ai le cœur attaché d'affection à quelque créature; c'est que je suis mal avec mon prochain; c'est que je manque de fidélité; c'est que, recevant tout, je ne veux rien donner.

§ V.

Mon âme, seras-tu toujours ingrate envers l'auteur de tant de bienfaits, et insensible aux attraits d'une bonté si extraordinaire? Ne te laisseras-tu jamais gagner le cœur? N'aimeras-tu jamais un Dieu qui t'aime tant, un Dieu qui quitte le ciel pour demeurer avec toi, un Dieu qui se fait ta nourriture, un Dieu qui te cherche, un Dieu qui t'appelle, un Dieu qui te poursuit, un Dieu qui meurt d'amour et qui se sacrifie tous les jours pour toi?

Oh! je ne puis plus résister à cet amour; je ne puis plus me défendre de ses poursuites; je veux aimer celui dont je suis aimé. Puisque c'est ici un sacrement d'amour, je ne m'en retirerai plus par crainte, mais je m'en rapprocherai avec confiance et avec amour : puisqu'il se donne à moi, je veux me donner à lui; puisqu'il est tout à moi, je veux être tout à lui. Ainsi soit-il.

IIIe ENTRETIEN.

Les effets que produit le saint Sacrement.

Les Pères et les conciles appellent l'Eucharistie le trésor de toutes les grâces et de toutes les bontés de Dieu. En voici quelques-unes qui serviront à maintenir et à augmenter votre dévotion.

1. La première et la source de toutes les autres c'est le corps adorable de notre Seigneur Jésus-Christ, qui nous est donné en ce Sacrement avec son sang précieux et les mérites de sa passion. Il nous y donne aussi la très-sainte âme avec toutes ses vertus. Il nous

y donne encore sa divinité, qui est inséparable de son humanité. Dans les autres sacrements il nous communique sa grâce par des créatures qui en sont les signes sensibles; comme sont l'eau, l'huile et le baume ; mais dans celui-ci il se donne lui-même; et nous confère sa grâce par lui-même; par conséquent incomparablement plus grande que dans les autres sacrements. Quel bonheur de recevoir, comme saint Siméon, Jésus entre ses bras! de le faire entrer dans sa bouche et descendre dans son cœur! de changer même de cœur avec lui, puisqu'il nous ôte le nôtre et nous donne le sien! Oh! quel médecin qui se donne lui-même à son malade en forme de médecine pour le guérir, qui entre dans sa poitrine et qui visite toutes les puissances de son âme pour lui rendre la santé !

2. Outre la grâce sanctifiante qu'il augmente considérablement, il communique à l'âme le don de la foi, éclairant son esprit pour croire ce grand mystère, et lui faisant goûter ce qu'elle ne comprend pas. Plus on approche du soleil plus on reçoit de ses lumières. Les deux disciples qui allèrent à Emmaüs ne reconnurent Jésus-Christ leur maitre qu'à la fraction du pain. Approchez de cette table, mangez de ce pain, et les yeux de votre esprit seront de plus en plus éclairés. Vous connaitrez Jésus à la fraction du pain.

3. L'espérance reçoit aussi une force et un courage merveilleux de l'usage de ce Sacrement ; parce que le Fils de Dieu s'y donne en qualité de nourriture et de testament : de nourriture, dont le propre est de fortifier ; de testament qui donne droit à l'héritage. Nos péchés nous donnent justement de la crainte et nous jettent souvent dans quelque défiance de notre salut ; mais ce divin Sacrement bannit nos timidités et affermit nos espérances par les promesses que fait le Fils de Dieu dans l'Évangile à ceux qui s'en approcheront dignement. *Celui*, dit-il, *qui mange ce pain vivra éternellement. Celui qui mange ma chair et qui boit mon sang demeure en moi et*

je demeure en lui. Comme je vis pour mon Père qui m'a envoyé, celui qui me mange vivra pour moi; il n'aura plus ni faim ni soif; il ne mourra point, mais il vivra à jamais. Il a la vie éternelle dans soi, et je le ressusciterai au dernier jour. Quel courage, pour abattu qu'il soit, ne sera relevé par ces paroles du fils de Dieu. Celui qui donne le plus, refusera-t-il le moins? Et celui qui se donne soi-même, refusera-t-il ses biens! Si celui qui mange ce pain des anges n'est pas sauvé, comment se vérifieront les paroles du Fils de Dieu qui assure qu'il ne mourra point? car celui qui communie meurt corporellement aussi bien que celui qui ne communie pas; afin donc que la promesse du

Fils de Dieu soit véritable, il faut qu'il vive éternellement, c'est pour cela que l'Église appelle ce Sacrement le gage de notre salut. *Ceux*, dit très-bien Alger, *qui sont unis à Notre-Seigneur dans cette vie par l'usage de ce sacrement, n'en seront jamais séparés dans l'autre.*

4. Mais le principal effet de ce Sacrement d'amour est, comme nous avons dit, de produire l'amour dans le cœur de celui qui le reçoit; car son propre effet est d'augmenter la charité, la ferveur et la dévotion; d'enrichir une âme des dons du Saint-Esprit, et des vertus infuses d'une autre manière que dans les autres sacrements. Quel cœur ne serait point attendri par la connaissance des bontés d'un Dieu,

qui quitte le ciel pour converser avec lui, pour l'embraser,
pour le guérir, pour le consoler, et pour l'unir à sa divinité?
Une maison qui est en feu embrase
celle qui la touche, et le cœur
de Jésus, qui n'est qu'amour,
entrant dans le nôtre, ne l'embra-
sera-t-il pas de son amour? Quelle
glace pourrait résister à ce feu
divin qui nous pénètre et qui nous
environne de toutes parts? Oh! si
nous sommes froids et tièdes en
communiant, c'est que nous ne
connaissons pas les bontés de Jésus; c'est que nous ne nous dispo-
sons pas comme il faut à le recevoir; c'est que nous sommes infidèles, et que notre cœur est pos-
sédé de quelque amour profane.

5. Le plus redoutable de tous nos ennemis, c'est le démon : il nous tente en tout temps, en toutes manières, avec une haine implacable, épiant tous nos pas et nous dressant partout des piéges et des embûches; mais ce divin Sacrement nous rend presque invulnérables, et nous fait triompher de tous ses efforts. Car comme il est superbe et qu'il a été vaincu par la croix, il n'en peut souffrir la représentation qui est renouvelée dans ces divins mystères. Jésus, entrant dans un cœur, fait taire les vents, calme les orages, et apaise d'une seule parole les tempêtes les plus furieuses. Quelle est cette parole? *La paix soit ici; que votre cœur ne se trouble point : c'est*

moi, ne craignez point. Noé tenait en paix tous les animaux qui étaient dans l'arche, et Jésus n'aura-t-il pas le pouvoir d'adoucir et de calmer vos passions? *O mon Dieu,* dit David, *vous m'avez dressé une table contre tous ceux qui m'affligent et qui me persécutent.* C'était cette table où s'enivraient les martyrs, et où ils prenaient des forces pour triompher de leurs tyrans.

6. Toutes vos passions sont autant de démons qui vous tentent en tout temps ; mais la plus dangereuse de toutes est celle qui recherche le plaisir des sens. Le péché d'Adam a fait de grandes plaies à notre âme et à notre corps. Les autres sacrements sont institués pour guérir les plaies de l'âme,

mais la fin principale de l'Eucharistie est de guérir celle du corps
que nous appelons concupiscence.
C'est pour cela qu'on appelle le
jour que l'Église a choisi pour honorer ce grand mystère, *la Fête du
corps* de Jésus-Christ. C'est cette
chair très-pure qui communique à
la nôtre ses qualités virginales;
c'est ce sang qu'il a reçu de Marie,
la plus pure des vierges, qui purifie la masse de notre sang gâté et
corrompu par le péché; c'est là ce
vin qui n'allume point le feu de la
concupiscence, mais qui rend vierges ceux qui le boivent. Oh! si vous
communiiez plus souvent, vous
ne seriez pas tenté comme vous
êtes, ou vous ne succomberiez pas
comme vous faites à la tentation.

7. Non-seulement il guérit les plaies de l'âme et du corps ; mais encore il nourrit, fortifie et fait croître l'âme, de même que le pain nourrit, fortifie et fait croître le corps ; et comme le pain rassasie le corps, aussi ce sacrement rassasie l'âme par une abondance de grâces dont il la remplit, et par une faveur céleste qui la dégoûte de tous les plaisirs de la terre. La manne avait toutes sortes de saveurs, mais tous les Juifs ne les goûtaient pas ; il n'y avait que les gens de bien qui eussent cette satisfaction. Si vous ne goûtez pas les douceurs de cette manne céleste, il y a bien à craindre que vous ne soyez malade et que vous n'ayez le goût dépravé. Cependant il la faut manger pour vous guérir ; car c'est un aliment très-délicieux pour les sains, et une médecine très-salutaire pour les malades.

Outre tous ces effets qui procurent la paix, la joie, la guérison et la sanctification à celui qui communie, il y en a deux autres, qui regardent la personne de Jésus-Christ et de notre prochain. Pour Notre-Seigneur il s'unit, comme nous avons dit, à nous par forme de nourriture, c'est de toutes les unions la plus grande, la plus forte, la plus intime, la plus constante et la plus inséparable ; de sorte que nous devenons une même chose avec lui ; et nous sommes transformés en lui, de même que le pain est transformé en celui qui le mange, et qu'une goutte d'eau mêlée avec le vin est changée en vin, et que deux cires fondues ensemble ne font plus qu'une cire ; ce sont les comparaisons des Pères. Nous ne convertissons pas ce pain en notre substance, comme nous faisons des chairs mortes que nous mangeons ; mais c'est Jésus qui nous convertit en lui, parce qu'il est vivant et plus fort que nous. *Je suis*, dit-il à saint Augustin, *la nourriture des grands ; vous ne me convertirez pas en vous, mais je vous convertirai en moi.*

9. Pour le prochain, ce Sacrement fait de tous les fidèles qui le reçoivent un corps, une âme, un cœur et un esprit ; de même que le pain est composé de plusieurs grains de blé et le vin de plusieurs

grains de raisin. C'est pourquoi ceux qui mangent ce pain ayant de la haine dans le cœur mangent leur jugement ; et ceux qui ne sont pas plus doux et plus charitables après avoir communié, donnent sujet de craindre qu'ils n'aient pas fait une bonne communion. L'union avec le prochain doit toujours précéder et suivre la communion, c'en est la disposition et le fruit.

O mon Seigneur Jésus ! que votre Cœur est doux, puisque, pour faire connaître votre douceur à vos enfants, vous rassasiez ceux qui ont faim d'une viande délicieuse, laissant vides et affamés les riches dédaigneux et dégoûtés de votre table ! *O mon Dieu ! les yeux de toutes les créatures espèrent en vous , et vous leur donnez leur nourriture au temps propre et favorable ; vous ouvrez votre main, et vous remplissez tous les animaux de la terre de vos bénédictions.*

O mon âme! seras-tu toujours dégoûtée de Dieu et affamée des créatures? Que peux-tu souhaiter sur la terre de meilleur et de plus désirable que cette viande qui te donne et te conserve la vie, qui te remplit de grâces, qui te fortifie contre toutes les tentations, qui te donne des gages de ton salut, qui guérit toutes tes maladies, qui te fait croître et avancer en perfection, qui éclaire ton esprit, qui réjouit et rassasie ton cœur, qui calme tes passions, qui te dégoûte des faux plaisirs de la terre, qui te transforme en Jésus-Christ et qui t'unit d'amour avec tout le monde? Mange donc souvent à la table de celui qui t'invite, et souviens-toi de t'en approcher avec la robe nuptiale de la grâce et de la charité, de peur que tu ne sois chassée du festin, et jetée les mains et les pieds liés dans les ténèbres extérieures, où l'on grince des dents et où l'on pleure sans consolation.

IVᵉ ENTRETIEN.

Invitation amoureuse de Jésus-Christ à la sainte communion.

1. Filles de Jérusalem, dites à ma bien-aimée que je l'attends jour et nuit, et que je languis d'amour. Dites-lui que j'ai quitté le ciel, et que je suis demeuré sur la terre pour lui gagner le cœur; que j'ai pris la forme de pain pour la nourrir; que tout mon plaisir est de converser avec elle; que je la veux épouser à la face des autels, et contracter avec elle une alliance si étroite, qu'il n'y ait presque plus de distinction entre

elle et moi, comme il n'y en a point entre moi et mon Père, entre le pain et celui qui l'a mangé. Pourquoi donc me fuit-elle? pourquoi me méprise-elle?

2. Je suis du pain, et non pas du poison. J'ai pris cette forme pour lui donner la vie, et non pas la mort; pour être aimé, et non pas pour être craint; pour être mangé, et non pas pour être simplement honoré.

C'est pour purifier son corps que je lui donne ma chair; c'est pour animer et sanctifier son âme que je lui donne mon esprit; c'est pour l'unir à ma divinité que je lui donne mon humanité. D'où vient donc qu'elle me fuit? d'où vient qu'elle m'appréhende?

3. J'ai eu des frais infinis pour faire ce festin; je n'ai rien épargné pour lui donner des marques de mon affection. Je lui fais servir sur la table tout ce qu'il y a de délicieux au ciel et sur la terre. Le pain qu'elle y mange est le pain des anges et une manne céleste qui contient toutes sortes de saveurs. Autant de fois qu'elle communie, je la remplis de mes grâces, je lui fais un transport de mes mérites, je l'enrichis de mes biens, je l'anime de mon esprit, je l'épouse à la face de mon Église, je l'unis à ma divinité et je lui donne droit à mon héritage : d'où vient donc qu'elle communie si rarement ?

4. J'invite tout le monde à ce fes-

tin : les malades, pour les guérir;
les faibles, pour les fortifier; les
aveugles, pour les éclairer; les
tristes, pour les consoler; les pécheurs, pour les sanctifier; les
justes, pour les perfectionner. Quel
sujet a-t-elle de craindre? Il faut
être en grâce, cela est vrai; mais
serais-je raisonnable si je deman-
dais, pour disposition nécessaire à
recevoir ce sacrement, ce qui est
la fin et le fruit de ce sacrement?
Cette grande pureté de corps et
d'esprit qu'elle veut avoir est la fin
de la communion et l'effet qu'elle
produit dans les âmes. Pourquoi
donc se retire-t-elle de ma table?
qui l'empêche d'en approcher?

5. Dites-lui que si elle ne mange
de ce pain céleste, elle mourra de

faim ; qu'elle n'aura ni grâce, ni force, ni santé, ni consolation. Qu'elle n'aura point de vie, qu'elle n'aura point de paix, qu'elle sera fortement tentée, et qu'elle succombera à la tentation.

6. Dites-lui que si elle continue de s'excuser, et si elle diffère de manger à ma table, elle n'y mangera jamais, ni au ciel, ni en la terre, ni à la vie, ni à la mort. Dites-lui que je vais donner sa place aux aveugles et aux boiteux. Dites-lui enfin que la crainte est bonne, mais que l'amour vaut mieux ; qu'elle me méprise au lieu de m'honorer ; qu'elle m'afflige au lieu de me consoler ; qu'elle m'offense au lieu de me plaire et de me contenter.

7. O pain des Anges! qui êtes descendu du ciel, oserai-je vous faire descendre dans mon cœur, qui a été si longtemps la retraite des démons et un égout de toutes sortes de vices? Puis-je vous recevoir, sachant qui vous êtes? Puis-je m'approcher, connaissant votre sainteté? Puis-je m'éloigner, connaissant ma nécessité?

O divin amant! qui nous invitez à vos noces, et qui nous invitez si amoureusement, donnez la robe nuptiale à cet enfant prodigue qui retourne à vous tout usé et tout consumé de débauches. Je confesse devant le ciel et la terre que je ne suis point digne d'être du nombre de vos serviteurs, beaucoup moins de manger à votre table; je devrais le reste de mes jours me nourrir de mes larmes et être pour jamais exclu de la communion des saints. Mais, Seigneur, puisque vous me commandez de m'approcher de votre sainte table, et que vous me menacez de votre colère si je ne mange votre chair et si je ne bois votre sang, je n'aurai point tant d'égard à mon indignité qu'à votre volonté, et je m'approcherai avec confiance de votre table, puisque vous m'invitez avec tant de bonté.

8. Vos saints me disent que le parti de l'amour est meilleur que celui de la crainte; que l'obéissance est plus sûre que la défiance; vous l'avez déclaré vous-même à vos meilleurs amis. C'est le parti que je veux prendre; je

suppléerai par mon obéissance et par mon humilité à ce qui manque à mon innocence et à ma pureté. Hélas! que fera un malade qui fuit son médecin? Comment pourrai-je combattre et travailler, si je n'ai point de force! Et d'où la tirerai-je, si ce n'est de ce Sacrement qui est la nourriture des âmes? Serai-je plus pur quand j'aurai été six mois sans me laver? Et quand j'aurai été un an à me préparer, serai-je digne de communier? Quand sera-ce que je vous recevrai, si j'attends que j'en sois digne? Quel orgueil de se croire digne de recevoir un Dieu? Comment pourrai-je obtenir cette pureté, si je retombe dans mes crimes? Et comment pourrai-je n'y pas tomber, étant privé de cette divine nourriture qui nous donne la force de résister au vice et de pratiquer la vertu? Est-ce honorer du pain que de le laisser moisir et de ne le pas manger?

9. O mon Sauveur, je ne vois point dans votre Évangile que vous ayez jamais maltraité un pécheur. Quelle réponse plus consolante que celle que vous fîtes à ces superbes pharisiens qui se scandalisaient de ce que vous les receviez en votre compagnie, et de ce que vous mangiez même avec eux? Pourquoi donc craindrais-je et me retirerais-je de votre sainte table?

10. Il est vrai, je suis un pécheur, mais je n'ai plus envie de pécher, c'est pour cela que j'approche de ce divin Sacrement,

sachant que c'est de là que nous viennent toutes les grâces qui nous aident à surmonter nos tentations.

11. Je n'ai point de dévotion sensible, mais je sais bien aussi que je ne la mérite pas, et qu'elle n'est pas nécessaire pour bien communier ; que le sentiment de son indignité, accompagné d'humilité et d'obéissance, vaut mieux que toutes ces tendresses de dévotion.

Satan me veut intimider, mais votre parole me rassure. *Venez à moi, vous tous qui travaillez, et qui êtes chargés, et je vous soulagerai.* Puisque vous invitez tout le monde sans exception, et que je suis le plus tourmenté de tentations, le plus chargé d'iniquités, le plus accablé

de misères, j'approcherai de vous
avec confiance, je vous recevrai
avec respect, je vous embrasserai
avec amour, je vous remercierai
avec humilité, j'irai à vos noces
avec joie, je mangerai à votre
table avec plaisir, je vous ouvrirai
mon cœur avec liberté, je vous
servirai désormais avec plus de
fidélité, et je vous bénirai dans le
ciel avec vos anges pendant toute
l'éternité. Ainsi soit-il.

Ve ENTRETIEN.

Réponse aux raisons de ceux qui s'excusent.

1. *Excuse.* — Pourquoi communiez-vous si rarement? R. Je crains de faire une mauvaise communion. La crainte est bonne, mais l'amour vaut mieux. Le Fils de Dieu n'a pas pris la figure de pain pour se faire craindre, mais pour se faire aimer, désirer et manger. Si vous craignez de vous approcher de cette sainte table, ne craignez-vous pas de vous en retirer, puisque le Fils de Dieu proteste que ceux dont les excuses paraissent assez raisonnables, n'auront

jamais l'honneur d'assister à son festin?

2. Quel moyen de communier souvent et dignement? N'y a-t-il point danger de se familiariser avec Dieu? R. On méprise les hommes à mesure qu'on les approche et qu'on les connait, parce qu'on découvre quantité de défauts que l'absence et l'éloignement dérobent à la vue; mais plus on s'approche de Dieu, plus on l'estime, plus on le connait et plus on l'aime, parce qu'on y découvre toujours de nouvelles perfections qui ravissent l'esprit et qui enlèvent le cœur. N'est-ce pas un blasphème de dire que la conversation qu'ont les hommes avec Dieu ne sert qu'à les rendre plus méchants, et que

pour être saint il faut s'éloigner de lui? Un acte très-parfait de religion peut-il être contraire au respect qu'on doit à ce Sacrement? Quand est-ce qu'on produit des actes de foi et d'espérance, de charité, d'adoration et d'humilité, sinon lorsqu'on communie? L'Église peut-elle commander ou désirer ce qui est mauvais? Elle a commandé autrefois de communier tous les jours; elle le désire et nous y exhorte encore à présent dans le concile de Trente.

3. Je n'ai point de dévotion en communiant. R. Il y a bien de la différence entre la dévotion et le sentiment de la dévotion. On peut avoir beaucoup de dévotion, quoiqu'on ne la sente pas. La dévotion

sensible n'est pas la véritable. Elle est sujette aux tromperies et aux illusions. Elle ne dépend pas aussi toujours de notre volonté et de notre application ; Dieu la donne à qui il lui plait. Si elle était nécessaire, ceux qui ne l'ont pas pendant la quinzaine de Pâques ne devraient point communier, quoique l'Église le commande ; et ceux qui n'en ont jamais, comme il s'en trouve, ne communieraient jamais.

Il faut donc s'humilier quand on ne l'a pas, comme dit le petit livre de l'Imitation de Jésus-Christ, et non pas se retirer. La vraie dévotion qu'on doit avoir en communiant consiste à s'approcher de ce Sacrement avec humilité, confiance et amour, à dessein d'honorer Notre-Seigneur, de s'unir intimement à lui, de le faire régner dans son cœur, de contenter son désir, de satisfaire son amour, de lui demander le remède à ses maux, et d'en recevoir la vie. Si la dévotion sensible était nécessaire pour communier dignement, le moyen de l'avoir serait de communier souvent, parce que l'effet de ce sacrement, selon saint Thomas et selon tous les théologiens après lui, est d'augmenter la charité, et de produire dans l'âme une satisfaction spirituelle qui augmente le désir. N'est-il pas vrai que moins vous communiez, moins vous avez de désir de communier? Au contraire, ne m'avouerez-vous pas que, plus vous mangez ce pain céleste, plus vous avez envie de le manger? Quelle raison avez-vous donc de vous retirer?

4. Je suis indigne de communier; je pèche continuellement et je n'avance point en vertu. R. Si vous attendez, comme nous avons dit, pour communier, que vous ne péchiez plus, vous ne communierez jamais. Vous êtes faible, dites-vous, vous êtes malade; et c'est pour cela que vous devez appeler souvent votre médecin, pour vous guérir et prendre de bonne nourriture pour vous fortifier. Pouvez-vous vous corriger de vos défauts sans la grâce de Dieu? Et d'où la tirerez-vous, sinon de ce Sacrement, qui en est la source? Le Fils de Dieu n'a-t-il pas

répondu aux pharisiens, qui se scandalisaient de le voir manger avec des pécheurs, qu'il n'était pas venu pour les sains, mais pour les malades? Ne savez-vous pas ce qu'enseigne l'Église dans le concile de Trente, que l'eucharistie est un aliment et un médicament ? Un aliment pour les sains, et un médicament pour les malades? Vous ne devez donc pas vous en abstenir, parce que vous avez des imperfections; au contraire, c'est ce qui vous oblige de le prendre souvent, pour vous donner la force de les corriger.

Si quelque chose vous empêchait d'approcher de la sainte table, l'empêchement viendrait ou de la nature du Sacrement, ou de la qualité d'homme, ou de la condition de pécheur. Ce n'est pas de la nature du Sacrement, puisqu'il est institué sous la forme de pain, qui n'est fait que pour être mangé, et mangé tous les jours. Ce n'est pas de la qualité d'homme, autrement il n'y aurait que les anges qui devraient communier. Ce n'est pas non plus de la condition de pécheur, puisque tous les hommes pèchent, et que c'est pour les pécheurs que le Fils de Dieu est venu au monde. Pourvu donc que vous ayez confessé vos péchés, et que vous ayez la résolution de ne les plus commettre, rien ne vous empêche de communier.

5. Mais il faut, dit-on, une si grande sainteté pour communier

dignement. R. Si vous entendez par cette dignité une sainteté égale à celle de celui qu'on reçoit, la Vierge n'a jamais été digne de communier. Si une pureté exempte de tout défaut, les apôtres en étaient indignes, parce qu'ils avaient des imperfections : beaucoup plus les premiers chrétiens, qui communiaient cependant tous les jours. Que si vous entendez par cette dignité une disposition nécessaire ou suffisante, l'Église déclare que la nécessaire consiste à n'avoir point de péché mortel connu dans sa conscience qu'on n'ait confessé auparavant. Pour celle de conseil et de perfection, elle demande qu'on se purifie même des péchés véniels, et qu'on soit toujours résolu de se corriger de ses défauts. Qu'est-ce donc qui vous empêche de communier ? Quand serez-vous sans défaut et sans imperfection ? N'est-ce pas ce Sacrement qui nous sanctifie et qui guérit nos infirmités ? N'est-ce pas là ce pain qui diminue le sentiment dans les petites tentations, et qui nous empêche de consentir aux grandes, comme dit saint Bernard ?

Ne vous persuadez jamais, âme dévote, que le Fils de Dieu (ce que je ne saurais assez vous répéter) demande pour préparation à un Sacrement ce qui est le fruit, l'effet et la fin de ce Sacrement : de même que pour prendre un remède, on en demande pas pour préparation qu'un homme soit sain, parce que la santé est le fruit et l'effet du remède. Or cette grande sainteté et pureté d'âme est l'effet et la fin de ce Sacrement, comme l'a déclaré l'Église assemblée dans le concile de Trente. C'est cette divine nourriture qui apaise les ardeurs de la concupiscence, qui modère les passions, et qui nous préserve du péché mortel. C'est donc une grande injustice de l'exiger comme une disposition nécessaire pour recevoir ce sacrement. Hélas! et qui oserait communier à Pâques, si cette sainteté était nécessaire pour communier?

6. Je voudrais bien communier souvent; mais je crains de commettre un sacrilége. R. On ne veut pas ce qu'on craint: tant que vous

craindrez de commettre un sacrilége, vous ne le voudrez pas commettre ; et vous ne commettrez
jamais un péché si vous ne le voulez pas.

Je crains de communier par coutume. R. La coutume des bonnes
choses est-elle mauvaise? Faut-il
s'abstenir d'entendre la messe tous
les jours, de peur de l'entendre
par coutume? et de prier Dieu tous
les jours, de peur de le prier par
habitude?

Je ne profite point des sacrements. R. Vous commettez donc
souvent des péchés mortels. Que
si vous n'en commettez pas, comment pouvez-vous dire que vous
ne profitez point de la communion?
N'est-ce pas un effet de ce sacre-

ment, de nous préserver du péché mortel? Qui en commet davantage, ou ceux qui communient souvent, ou ceux qui communient rarement?

7. O tromperie de Satan! il a persuadé à nos premiers parents de manger du fruit mortel sous espérance de vie, et il détourne à présent les chrétiens de manger du fruit de vie dans la crainte qu'il leur donne la mort. Dites-moi donc pourquoi vous ne communiez pas plus souvent? C'est que je n'en suis pas digne? mais en serez-vous jamais digne; si vous attendez cela, vous ne communierez jamais. Y a-t-il de meilleure disposition pour recevoir ce Sacrement que de s'en juger indigne? Ne le protestez-

vous pas à la sainte table avant que de communier? Dites la vérité, ce n'est pas le sentiment de votre indignité qui vous empêche d'approcher des autels, mais l'attache que vous avez à quelque vice que vous ne voulez pas quitter. Vous vous excusez de communier, parce que vous ne voulez pas vous confesser.

8. O terrible menace que fait le Fils de Dieu à ceux qui s'excusent! Ces gens-là, dit-il, ne mangeront jamais à ma table. Viendra le temps où vous voudrez entrer dans la salle du festin, et elle vous sera fermée. Viendra le temps où vous voudriez communier, et vous ne le pourrez. Le roi, irrité de votre refus, enverra son armée qui vous mettra à mort et qui brûlera votre

ville. Les pertes des biens, les maladies et la mort sont aussi souvent les châtiments du mépris que de l'abus qu'on a fait de ce Sacrement.

9. O Jésus mon Sauveur! quel sujet ai-je de vous appréhender et de me défier de votre bonté? Avez-vous jamais chassé ou maltraité un pécheur qui se soit adressé à vous? Ne vous êtes-vous pas fait un plaisir de manger et de converser avec les gens de mauvaise vie, pour avoir lieu de les convertir? Les scribes et les pharisiens ne vous en ont-ils pas fait un crime? Pourquoi donc me troublerais-je de leurs discours? pourquoi appréhenderais-je leurs murmures, après que vous avez bien voulu défendre les pécheurs, et déclarer que c'est pour

les chercher que vous êtes venu au monde! Je confesse que je suis un pécheur; mais je n'ai plus envie de l'être : c'est pour cela que je m'approche de votre sainte table. Car à qui est-ce que s'adressera un malade, sinon à son médecin? Et où irai-je puiser des grâces, sinon dans ce Sacrement qui en est la source?

10. Je n'ai point de dévotion sensible, mais c'est une grâce que vous faites à qui il vous plaît, et que je ne mérite pas, et qui ne fait pas notre mérite. J'aime mieux commencer avec le sentiment de mon indignité qu'avec une vaine opinion de ma sainteté. Y eut-il jamais orgueil plus grand que de se croire digne de recevoir un Dieu? Que les autres tirent avantage de

leurs longues et extraordinaires préparations; pour moi, je ne compterai que sur mon humilité et sur mon obéissance. Quand je regarde mon indignité, je dis : Je ne dois pas approcher de votre sainte table; mais quand je vous entends dire que celui qui ne mange point votre chair n'aura point la vie, je dis : Je veux vivre; il faut donc que je communie.

VIe ENTRETIEN.

La magnificence du festin de Notre-Seigneur.

1. Un homme, dit Notre-Seigneur, fit un jour un grand festin auquel il invita quantité de personnes. Ce festin est la table de la sacrée communion, où Dieu invite tous les hommes, et où il les traite avec une magnificence infinie.

2. Ce festin est grand par celui qui l'a dressé, et qui a fait des dépenses infinies pour le préparer; car c'est un Dieu qui nous traite, et qui nous traite en Dieu. Tout sage qu'il est, il ne sait que nous donner de plus grand que ce qu'il

nous donne. Tout riche qu'il est, il n'a rien à nous donner après ce qu'il nous donne. Tout puissant qu'il est, il ne peut nous donner rien de plus précieux que ce qu'il nous donne. Que rendrai-je au Seigneur, pour les biens qu'il m'a faits, pour le festin qu'il m'a préparé, pour la nourriture qu'il m'a donnée, et pour la bonté qu'il a eue de m'inviter à un banquet si honorable et si délicieux?

3. Ce festin est grand pour la viande qu'on y mange, car c'est le corps, le sang, l'âme, la divinité et l'humanité de notre Seigneur Jésus-Christ avec tous ses mérites, toutes ses grâces et tous ses travaux, qui nous sont, pour ainsi parler, servis sur cette table. Notre

chair se nourrit de sa chair, et notre âme s'engraisse de sa divinité, comme parle Tertullien. Toutes les qualités virginales de cette chair très-pure passent dans notre chair pour la purifier. Toutes les vertus de son âme très-sainte passent dans notre âme pour la sanctifier. Quel bien peut-on désirer sur la terre plus grand et plus avantageux que celui-là?

4. Ce festin est grand pour les effets qu'il produit; car, sans parler de ceux que je viens de toucher, il guérit toutes nos maladies; il nous fortifie contre toutes nos tentations; il nous rend victorieux de tous nos ennemis; il nous enrichit du trésor de toutes les vertus; il nous remplit de grâces; il nous

comble de plaisirs ; il nous unit intimement à la divinité et à l'humanité de Jésus ; il donne la vie éternelle à notre âme et à notre corps. Les Juifs ont mangé la manne dans le désert, et néanmoins ils sont morts ; mais celui qui mangera ce pain vivra éternellement. Qui est-ce qui n'aime point la vie ? D'où vient donc que je n'aime point ce pain céleste qui me procurera une vie éternelle ?

5. Ce festin est grand pour son étendue, car cette table divine couvre toute la terre. Il n'y a aucune partie de l'univers où l'on ne célèbre ces sacrés mystères, où l'on ne sacrifie ce divin Agneau, où l'on ne puisse manger ce pain des Anges. Si le pauvre fait tant

de remerciements au riche qui lui donne le pain de la terre, quel amour et quel service ne dois-je point rendre à mon Dieu, qui me donne le pain du ciel?

6. Ce festin est grand pour sa durée, parce qu'il durera tant qu'il y aura des hommes sur la terre. Celui du roi Assuérus ne dura que cent-dix jours, mais celui-ci sera toujours prêt dans l'Église jusqu'à la fin des siècles. Jésus se donnera à manger jusqu'à ce qu'il nous vienne juger. Heureux celui qui le recevra à la mort! malheureux celui qui ne veut pas lui donner entrée dans son cœur pendant la vie! Hélas! qu'il est à craindre qu'il ne soit retranché à jamais de la communion des Saints.

7. Ce festin est grand pour la multitude des conviés; car tout le monde y est invité, les grands et les petits, les pauvres et les riches, les hommes et les femmes, les sains et les malades, les justes et les pécheurs, pourvu qu'ils soient en grâce et revêtus de la robe nuptiale. Les riches s'excusent. Il n'y a que les pauvres qui mangent à la table de Jésus. O mon âme! que crains-tu? Tu es pauvre, tu es infirme, tu es aveugle, tu es misérable? Et ce sont là les gens qu'on force d'entrer dans la salle des noces, ce sont là les conviés. C'est pour les pauvres malades, aveugles et estropiés, que ce festin est préparé.

8. O Jésus! pardonnez-moi si

j'ose m'approcher de vos autels et m'asseoir à votre table : je reconnais que j'en suis indigne, mais ce sont vos serviteurs qui m'ont forcé d'entrer, et qui m'ont menacé de la mort si je refusais de manger avec vous sous prétexte de mon indignité. *O festin admirable ! où l'on reçoit Jésus-Christ, où l'on renouvelle la mémoire de sa passion, où l'âme est remplie de grâce, où elle reçoit des gages de la vie éternelle.*

9. Allons, mon âme, ne craignons point ; entrons dans la maison du Seigneur, et mangeons à sa table, puisque c'est lui qui nous invite, puisqu'il le désire infiniment, puisque nous ne saurions lui faire un plus grand plaisir, puisqu'il nous menace de sa colère

et d'une mort funeste, si nous re-
fusons de manger avec lui; puisqu'il nous promet le paradis et la
vie éternelle, si nous mangeons
dignement ce pain sacré qu'il nous
présente.

VIIe ENTRETIEN.

Des vertus que Jésus-Christ nous enseigne dans le
saint Sacrement de l'Autel.

Jésus, dans ce divin sacrement, est un maître qui nous enseigne toutes les vertus. J'en choisis quelques-unes qui y paraissent avec plus d'éclat.

1. *La pauvreté.* — La première est la pauvreté, qui est le trésor caché dans un champ inconnu à tous les hommes, que le Fils de Dieu nous est venu découvrir par sa doctrine et par ses exemples. Il a été pauvre toute sa vie, mais il paraît dénué de tout sur nos autels,

Il y est revêtu de la figure de pain, comme d'un habit très-vil et très-méprisable. Il lui est indifférent d'être dans une ville ou dans un village, et il demeure aussi volontiers dans un ciboire d'étain que dans un ciboire d'argent doré. Il a une cour nombreuse dans le ciel, qui est-ce qui lui tient compagnie sur la terre? *Je suis*, dit-il par un prophète, *un homme qui vois ma pauvreté*. Nous la voyons aussi, nous autres; mais, hélas! nous ne la voulons pas imiter. Nous voulons être bien logés, bien nourris, bien couverts, bien servis. Nous ne voulons manquer de rien, et ne souffrir aucune incommodité dans la vie; comme si le Fils de Dieu avait dit : Bienheureux sont les riches, et non pas les pauvres ; bienheureux ceux qui rient, et non pas ceux qui pleurent.

2. *L'humilité.* — Le propre de l'humilité est de s'anéantir devant Dieu, de reconnaître sa pauvreté et sa dépendance, de ne s'estimer rien, de se mépriser soi-même, d'accepter volontiers les mépris et les humiliations de quelque part qu'elles arrivent, d'obéir à tout le monde, de cacher les grâces qu'on a reçues de Dieu, de prendre partout la dernière place, de fuir les louanges des hommes, et de ne vouloir être connu que de Dieu.

C'est ce que fait Jésus-Christ en ce divin Sacrement. Il se sacrifie et s'anéantit lui-même pour la gloire de son Père, y perdant l'être sacramentel qu'il y avait. Il a caché sa divinité et son humanité sous les viles espèces du pain et du vin : état plus humiliant que celui de la crèche, de la croix et du tombeau, puisque non-seulement sa divinité y est anéantie, mais encore son humanité, et qu'il est méprisé par les idolâtres, par les hérétiques et par les mauvais catholiques. Il y cache tous ses trésors, ses dons, ses grâces, son autorité, sa grandeur, et toutes ses perfections divines. Peut-il s'abaisser plus bas que d'entrer dans la maison d'un pauvre malade et dans le cœur d'un Judas? Oh! véritablement vous êtes un Dieu caché, mon Sauveur, et moi je suis un homme qui veux paraître. Vous êtes un

Dieu humble, et moi je suis un homme superbe. Vous fuyez l'honneur, et je le cherche. Vous cherchez les abaissements, et je les fuis.

3. *La patience.* — Quoique le corps du Fils de Dieu soit impassible sous les espèces de ce sacrement, il ne perd pas néanmoins l'amour des souffrances. Il l'a institué pour nous laisser un monument éternel de sa patience; il s'en souvient et veut que nous en conservions le souvenir. Son corps à la vérité est impassible; mais sa personne divine ressent toutes les injures qu'on lui fait. Qui pourrait en faire le récit? Repassez par votre esprit les outrages que lui ont fait les athées, les hérétiques, les magiciens, et princi-

palement les mauvais catholiques. Que de crimes commet-on dans les églises en sa présence? Que de profanations, que d'impiétés, que de sacriléges, que de mauvaises communions !

O Jésus ! que je suis à une belle école, et que vous me faites tous les jours de savantes leçons de patience ! mais hélas ! j'en profite peu. Je suis toujours colère et impatient. Je ne veux rien souffrir ni de Dieu, ni des hommes, ni de mes supérieurs, ni de mes égaux, ni de mes inférieurs. Je ne puis pas même me souffrir moi-même, quoique je veuille que tout le monde me souffre. Quelle impatience et quelle injustice !

4. *L'obéissance.* — Le Fils de

Dieu a été conçu par l'obéissance que la Vierge sa Mère a rendue à la parole de l'Ange. Il est né par l'obéissance qu'il a rendue à César. Il a vécu sous la conduite de l'obéissance qu'il a rendue à ses parents. Il est mort dans le sein de l'obéissance qu'il a rendue à Dieu son Père et aux juges qui l'ont injustement condamné. Quoiqu'il règne dans le ciel, il veut encore obéir aux hommes, et cela d'une manière étonnante ; car il obéit à tous les prêtres bons et méchants. Il obéit en tout temps, de jour et de nuit. Il obéit promptement : dès que le prêtre a prononcé les paroles, il est entre ses mains pour en faire ce qu'il lui plaira. Il obéit en tous lieux et en tous les endroits du monde où l'on dit la messe, sur la terre, sur la mer, aux champs, à la ville, dans de grandes églises, dans de petites chapelles. Il obéit pour tout ce qu'on veut faire de lui, pour être gardé, pour être mangé, pour être donné, pour être profané et déshonoré. Il obéit sans résistance, sans se plaindre, sans murmurer, sans témoigner aucun chagrin ni ressentiment de l'injure qu'on lui fait.

Est-ce ainsi que vous obéissez, âme chrétienne? Obéissez-vous à tous vos supérieurs sans exception? en tout temps, sans changement? en toutes choses, sans réserve? pour tous les emplois, sans distinction, avec soumission, sans résistance et sans murmure?

5. *La mortification.* — Toute la vie spirituelle de Jésus a été une leçon perpétuelle de mortification. Il est maintenant au ciel heureux et glorieux ; et cependant il a trouvé le moyen de nous enseigner par ses exemples jusqu'à la fin des siècles à mortifier notre esprit, notre volonté, nos sens intérieurs et extérieurs. Il mortifie son jugement, s'abandonnant à la volonté du prêtre, se laissant porter où l'on veut, pour de bonnes ou de mauvaises intentions, comme s'il était aveugle et sans discernement. Il mortifie sa volonté, souffrant mille choses indignes de sa qualité, de son état glorieux, de sa grandeur, de sa sainteté, de sa majesté, et de tou-

tes ses perfections divines. Que de peine a-t-il à entrer dans le cœur d'un méchant homme ? Il mortifie ses sens, car il est dans l'hostie comme mort; il ne vit que d'une vie spirituelle, et ne peut exercer aucunes fonctions de la vie corporelle. Il mortifie sa langue ne disant mot, et gardant un profond silence. Il mortifie tout son corps, l'unissant à des espèces inanimées, prenant la place d'une substance morte, en faisant l'office, et demeurant comme lié et enchainé dans cette prison d'amour. O mon âme, quelle union peux-tu avoir avec le corps mortifié et crucifié de Jésus, toi qui vis dans les plaisirs et dans les délices ! Ce Sacrement est la représentation de sa passion, et tu as horreur des souffrances ! Sa vie y est toute spirituelle, et la tienne est toute sensuelle !

6. *L'amour de Dieu.* — Jésus nous enseigne encore dans ce Sacrement de quelle manière nous devons aimer Dieu, faisant toutes ses volontés, gardant tous ses commandements, souffrant beaucoup pour lui, et se sacrifiant à sa gloire N'est-ce pas ce qu'il fait sur les autels ? N'est-ce pas là qu'il s'immole tous les jours et à tous moments pour la gloire de son Père et pour le salut des hommes ? Il a trouvé le moyen de mourir en tous lieux et à tous moments, se constituant en état de victime qui est consacrée et immolée, et perdant la vie sacramentelle qu'il avait sous les espèces.

Tous les hommes doivent s'immoler pour reconnaître la dépendance qu'ils ont du premier de tous les êtres ; pour le remercier de ses biens qui sont infinis ; pour expier leurs péchés qui sont innombrables, et pour obtenir tous les secours qui sont nécessaires à leur misère qui est extrême. Jésus, comme le chef de la nature humaine, s'est chargé de ce devoir, et s'immole lui-même tous les jours pour les fins que nous venons de marquer.

O misérable que je suis ! quelle confusion pour moi de voir un Dieu qui se charge de mes dettes, qui donne sa vie pour me délivrer de la mort ; qui se dépouille de ses biens pour m'enrichir, et qui souffre mille indignités pour me faire part de sa gloire! Et en reconnaissance de tout cela je l'offense, je le méprise, je m'endette de plus en plus; je ne veux rien souffrir pour lui, je rends sa mort et ses souffrances infructueuses. Quelle ingratitude ! quelle dureté de cœur ! quelle indignité ! quelle injustice !

7. *L'amour du prochain.* — Une des fins principales de l'incarnation est d'établir une union étroite d'amour et de charité entre tous les hommes. Jésus nous en a fait le commandement exprès qu'il appelle son précepte unique et la marque de ses disciples. Pour conserver cette union il nous a laissé son corps et son sang sous les espèces du pain et du vin, afin que,

mangeant le même pain, nous n'ayons qu'un corps et qu'une âme ; et parce que tout le monde aime la vie, et que pour avoir celle de la grâce et de la gloire il faut manger la chair de cet Agneau immolé, comme il proteste dans l'Évangile, il ordonne à tous les fidèles de venir à sa table ; mais il défend, sous peine de damnation, à ceux qui sont mal avec leur prochain de s'y présenter sans s'être réconciliés auparavant, afin que le désir de participer à ces divins mystères et d'obtenir la vie nous oblige à conserver une paix et une union inviolable les uns avec les autres.

O Jésus ! l'amour de Dieu et des hommes, qui vous sacrifiez par un excès d'amour sur nos autels, et qui nous donnez des marques si sensibles et si tendres de votre amour! O pasteur charitable, qui aimez si passionnément vos brebis, au lieu de vous revêtir de leur laine et de vous nourrir de leur chair, vous vous dépouillez vous-même pour les couvrir, et vous leur donnez votre corps et votre sang pour leur servir de nourriture! O amour des amours! ô charité des charités! que puis-je faire pour reconnaitre l'amour que vous me témoignez en ce divin Sacrement, et les biens que vous m'y faites?

Si vous m'aimez, dit Jésus, aimez votre prochain; payez-lui ce que vous me devez, et je vous tiens quitte de tout. Je vous donne une amnistie générale pour tout le passé. Vous me devez la vie, tous vos biens sont à moi. Que ne devez-vous point souffrir pour moi, qui ai tant souffert pour vous, et que vous avez tant offensé? Je reconnaitrai que vous m'aimez si vous aimez vos frères. Je tiendrai pour fait à moi-même tout le bien que vous leur ferez. Je vous pardonnerai, pourvu que vous leur pardonniez, et je vous assisterai dans toutes vos nécessités, pourvu que vous les assistiez. Le pain que vous leur donnez vaut-il celui que je vous donne? Les injures qu'ils vous font sont-elles comparables à celles que vous m'avez faites? Si vous ne les aimez et si vous ne leur pardonnez, vous ne mangerez jamais à ma table, ou vous y mangerez votre condamnation et votre jugement.

VIIIe ENTRETIEN.

Des obligations que nous avons à la Sainte Vierge,
pour son Fils qu'elle nous donne à la Communion.

1. La sainte Vierge est la Mère de tous les fidèles, et principalement des prédestinés. Elle les a conçus dans l'incarnation, en concevant son Fils. Elle les a enfantés dans sa passion avec beaucoup de douleur, en le voyant mourir; elle les nourrit dans la communion de la chair de son Fils, qui est la sienne, et leur donne le sang qu'il a tiré de ses veines. *La chair de Jésus,* dit saint Augustin, *est la chair de Marie.* Il a conservé et conserve

encore la substance qu'il en a reçue. Quand donc vous mangez la chair de Jésus, vous mangez la chair de Marie. C'est cette pensée qui a donné tant de dévotion aux Saints; et c'est la cause pour laquelle ce Sacrement est un souverain remède contre les tentations d'impureté. Cette chair, en touchant la nôtre, lui communique sa pureté virginale; et ce sang, en coulant dans nos veines, corrige la corruption du nôtre.

2. Si ce Sacrement conserve la vie de l'âme, et si la chair de Jésus est la chair de Marie, autant de fois que vous communiez, la Vierge vous nourrit et vous conserve la vie, puisque c'est sa chair que vous mangez. Elle vous donne aussi son

Fils; et c'est, pour ainsi parler, de ses mains que vous le recevez, car un fils appartient à sa mère, surtout lorsqu'elle lui tient aussi lieu de père; et il ne peut ni se donner ni se vendre sans son consentement. Or, Jésus est le Fils de Marie dans le ciel comme il l'était sur la terre, et Marie est encore et sera éternellement sa mère. Quand donc il se sacrifie pour nous sur les autels et quand il se donne à nous par la communion, la Vierge consent à cette donation. Elle le sacrifie à Dieu et le donne aux hommes par les mains du prêtre, non-seulement pour demeurer entre nos bras, comme entre ceux de saint Siméon, mais pour entrer dans notre cœur, pour

nous nourrir et pour nous conserver la vie de la grâce.

3. Jésus n'a pris un corps de la
Vierge que pour l'offrir à Dieu son
Père en sacrifice, et pour le donner
aux hommes en nourriture ; ce
sont les deux fins principales de
l'incarnation. Il nous fallait une
victime pour honorer Dieu et pour
expier nos péchés ; mais que nous
eût-il servi d'être rétabli en sa
grâce, si nous n'eussions eu le
moyen de la conserver ? C'est ce
que fait ce divin Sacrement, qui
est la nourriture spirituelle de nos
âmes, comme le pain matériel est
la nourriture de nos corps.

Oh ! qui pourrait donc expliquer
la douleur que ressent la sainte
Vierge, voyant l'abus et le mépris

que l'on fait de ce Sacrement ? Car
si la communion est une des fins de
l'incarnation et de la passion de
Notre-Seigneur, c'est rendre inu-
tiles tous les travaux du Fils et de
la Mère que de s'en retirer ; c'est
mépriser le prix de notre salut,
c'est priver Dieu d'un honneur infini qu'on pouvait lui rendre. C'est
affliger au dernier point Jésus-
Christ notre Sauveur, qui a déclaré, pendant sa vie mortelle, qu'il
n'avait point de plus violent désir
que de manger cette Pâque avec
nous. C'est l'empêcher de consom-
mer l'union qu'il contracte avec
nos âmes dans la communion. C'est
lui refuser le logement, comme
firent les habitants de Bethléem,
maintenant qu'il est comme étran-

ger sur la terre. C'est enfin le chasser de son royaume qui est notre cœur, ou l'empêcher d'y entrer et d'en prendre possession, puisqu'il acquiert autant d'empires qu'il y a d'âmes pures qui le reçoivent.

5. Quel déplaisir à la sainte Vierge de voir son Fils maltraité de ses sujets et chassé de son royaume! Quelle douleur de voir ses travaux sans fruit, ses desseins sans effet, son corps sans honneur, son festin sans convives, sa cour sans suite, et ses bienfaits sans reconnaissance! Au contraire, quelle consolation pour elle de voir accomplir le grand ouvrage de notre rédemption, de nous voir appliquer les mérites de la mort de son Fils, de lui voir recueillir le

fruit de ses travaux, étendre son empire, accroître son corps mysti-que par l'union et par l'incorpora-tion de nouveaux membres, tels que sont tous les fidèles qui com-munient dignement !

6. O âme chrétienne, si vous avez de la dévotion pour la Mère de Dieu, ayez-en pour la commu-nion, où vous recevez non pas une relique de ses vêtements, mais sa propre chair et son propre sang, puisque la chair de Jésus est la chair de Marie. C'est cette pensée qui consolait le grand cardinal Pierre Damien, dont voici les pa-roles extrêmement tendres : *Mes frères*, dit-il, *je vous prie de consi-dérer combien nous sommes redeva-bles à la bienheureuse Mère de Dieu,*

et quelles actions de grâces nous lui devons rendre après son Fils; car nous recevons à l'autel le même corps que la sainte Vierge a engendré, qu'elle a porté dans son sein, qu'elle a enveloppé de langes, et nous buvons son sang dans ce Sacrement de notre rédemption. Cette même pensée remplissait de joie et faisait fondre en larmes à l'autel saint Ignace, fondateur de notre compagnie.

7. O Vierge sainte, je vous remercie de m'avoir donné tant de fois la chair précieuse de votre Fils en nourriture, qui est la même chair dont vous l'avez revêtu dans vos chastes entrailles. Oh! quelle pureté je devrais avoir pour le recevoir dans mon cœur! l'Église s'étonne avec raison qu'il n'ait point eu

horreur d'entrer dans votre sein virginal; et quel étonnement la doit saisir, voyant entrer de Dieu-Homme dans un cœur aussi gâté et aussi corrompu que le mien? O Mère de Dieu! visitez-moi souvent avec votre Sauveur, et ne dédaignez pas d'entrer avec lui dans mon âme, puisque vous avez bien voulu entrer dans une étable et le coucher sur de la paille. En reconnaissance de ce bienfait, je vous bénirai toute ma vie, et je chanterai éternellement les louanges du Fils et de la Mère.

—

IXe ENTRETIEN.

Sur les litanies du saint nom de Jésus ; il peut servir
de préparation à la communion , et d'action de
grâces après la communion.

Il faut s'arrêter à chaque verset,
comme l'abeille sur une fleur, et
en tirer le miel de la dévotion.
Lorsqu'on se sent touché, il ne faut
point passer outre.

Jesu Fili Dei vivi.
Jesu splendor Patris , etc.
Jésus Fils du Dieu vivant.
Jésus splendeur du Père.

Je vous adore, mon Seigneur
Jésus, je crois que vous êtes le Fils
du Dieu vivant, qui êtes venu au

monde pour me sauver, et qui allez entrer, ou qui êtes entré dans mon âme, pour la nourrir et pour la vivifier. J'espère que vous me communiquerez les effets de ces deux avénements, sauvant mon âme, et lui donnant votre vie.

O Jésus Fils du Dieu vivant! comment pouvez - vous quitter votre trône pour descendre sur la paille? Comment pouvez-vous sortir du sein de votre Père, pour entrer dans le cœur d'une créature si abominable? Oh! que je vous suis obligé d'un si grand bienfait! Que ferai-je pour vous remercier? Je ne puis rien faire qui vous soit plus agréable que de vous offrir ce cœur que vous aimez tant, et qui vous aime si peu. O Jésus! purifiez-le par votre grâce, échauffez-le par votre bonté, sanctifiez-le par votre esprit, consacrez-le par votre présence, transformez-le par votre vertu, possédez-le par votre amour, dans le temps et dans l'éternité. Ainsi soit-il.

Jesu rex gloriæ.
Jésus roi de gloire.

Un roi vient voir son sujet ! Un roi de gloire, visiter un esclave d'iniquité ! O roi de gloire ! que vous êtes admirable dans le ciel ; mais que vous êtes aimable sur la terre ! Je vous choisis pour mon roi ; et je vous élève sur mon cœur comme sur le trône de votre empire. Oh ! que je suis triste de vous avoir tant de fois trahi, méprisé, abandonné et chassé de votre royaume ! Hélas! c'est le démon qui a régné jusqu'à présent dans mon cœur. O Jésus! je n'aurai plus désormais d'autre roi que vous. Vous règnerez uniquement dans mon corps et dans mon âme, dans mon esprit et dans ma volonté. Rien ne remuera dans tout votre empire, que par ses ordres et par le mouvement de votre esprit. O mon Dieu et mon roi ! que votre volonté soit faite, et non pas la mienne. Vous avez été couronné de gloire, après avoir été couronné d'ignominies; je veux avoir part à vos ignominies, pour avoir part un jour à votre gloire.

Jesu sol justitiæ.
Jésus soleil de justice.

Représentez-vous Notre-Seigneur comme un radieux soleil qui est au milieu de notre cœur. Adorez-le avec toute la soumission de votre âme. Réjouissez-vous de posséder et de renfermer dans votre cœur le soleil du paradis, le principe de toutes les lumières, la source de toutes les grâces, le créateur et le conservateur de tous les êtres. Dites-lui :

O Jésus mon soleil ! qui vous a détaché du firmament, pour vous plonger dans un cloaque d'ordure et d'impureté ? O splendeur du Père ! qui vous a couvert de ce nuage ? O roi des astres, qui vous a dépouillé de votre gloire ? C'est votre amour qui a fait cette merveille. Il vous a mis un voile sur le visage, comme il fit autrefois sur celui de Moïse, pour vous rendre accessible à vos frères.

O soleil de lumière ! dissipez mes ténèbres. O soleil de grâce ! effacez mes péchés. O soleil d'amour ! embrasez-moi du feu de votre charité. O soleil de justice ! faites-moi miséricorde ; rendez-moi juste et innocent devant vos yeux. Hélas ! me voilà en la présence du soleil, et je suis plongé dans les ténèbres. Me voici dans une fournaise d'amour, et mon cœur est plus froid que la glace. Beau soleil, éclairez-moi. Beau soleil, échauffez-moi. Beau soleil, réjouissez-moi, consolez-moi, vivifiez-moi.

Jesu fili Mariæ virginis.
Jésus fils de la vierge Marie.

Oh! voilà mon Dieu et mon Sauveur! Je tiens entre mes bras celui que la sainte Vierge a revêtu de sa chair virginale; celui qu'elle a porté neuf mois dans ses chastes entrailles; celui qu'elle a conçu du Saint-Esprit, et qu'elle a enfanté dans une étable. Voici celui qu'elle a porté entre ses bras, qu'elle a nourri de son lait virginal, qu'elle a élevé avec tant de soin, qu'elle a sacrifié avec tant d'amour, qu'elle a vu mourir avec tant de douleur.

O Jésus! Fils de la vierge Marie, communiquez-moi votre pureté virginale. Faites couler votre sang dans mes veines, et purifiez la masse du mien. Je suis votre petit serviteur, et le fils de votre servante. Oh! ne perdez pas un enfant de votre Mère. Vierge sainte, remerciez votre Fils pour moi. Obtenez-moi la grâce de mourir entre ses bras et entre les vôtres, et de rendre mon esprit entre vos mains.

Jesu admirabilis.
Jésus admirable.

Mon Dieu, mon Seigneur, que votre nom est grand et admirable par toute la terre! Qu'est-ce que l'homme, que vous daigniez vous souvenir de lui ; et le fils de l'homme, que vous daigniez le visiter? O Jésus, que vous êtes admirable dans le ciel ! que vous êtes admirable sur la terre ! que vous êtes admirable sur la croix ! que vous êtes admirable sur nos autels !

O festin admirable, où l'on reçoit

Jésus-Christ! où l'on reçoit et où l'on conserve le souvenir de sa passion, où l'âme est remplie de grâce, et où elle reçoit des gages de son salut!

Jesu Deus fortis.
Jésus Dieu fort.

Est-il croyable que Dieu veuille converser avec les hommes, qu'il daigne devenir leur nourriture et demeurer dans leurs cœurs? Est-il possible que la grandeur veuille s'unir à la bassesse, la puissance à l'infirmité, et la sainteté à la maladie? O Jésus mon Sauveur! je crois que vous m'avez créé de vos mains, et racheté de votre sang. J'adore ces sacrées plaies que vous avez reçues pour mon amour. Ah!

je vois votre Cœur par ces grandes ouvertures, et votre divinité par ces brèches sanglantes qu'on a faites à votre humanité. Permettez-moi de les toucher avec un de vos disciples, afin que je puisse dire avec lui : *Mon Seigneur et mon Dieu!*

Non-seulement je les puis toucher, mais encore les baiser à mon aise; je puis mettre ma bouche sur la plaie de votre Cœur et en tirer une liqueur céleste et un esprit de vie. Voici mon Dieu et mon Sauveur; qu'est-ce que j'ai à craindre? et que ne dois-je point espérer?

O Jésus mon Sauveur! souvenez-vous que vous êtes mon Dieu et que je suis votre créature; que vous êtes ma force et que je ne suis que faiblesse; que vous êtes ma sainteté et que je ne suis que malice. Unissez votre force à mon infirmité, votre sainteté à ma mauvaise volonté, afin que je devienne saint et tout-puissant comme vous. Combattez mes ennemis et les vôtres, rendez-moi victorieux de mes passions; car ce n'est pas mon bras ni ma valeur, mais votre force, ô Jésus! qui me rendra vainqueur.

Jesu pater futuri seculi.
Jésus père du siècle futur.

O roi des siècles, immortel, invisible; à vous mon unique Sauveur, soit honneur et gloire dans les siècles des siècles. *Amen.* Vous êtes le père de tous les siècles, mais principalement de celui que

nous espérons et que nous atten-
dons après notre mort. C'est à ceux
qui mangent votre corps et qui
boivent votre sang que vous l'avez
promis. O Jésus! souvenez-vous de
votre promesse, et ne permettez pas
que nous soyons divisés après la
mort, ayant été si bien unis pendant la vie.

Jesu magni concilii Angele.
Jésus l'Ange du grand conseil.

Puisque vous êtes la sagesse incréée de Dieu, c'est à vous à nous
instruire et à nous donner conseil.
Parlez, Seigneur, car votre serviteur écoute; que désirez-vous de
moi, Ange du grand conseil? Vous
savez les peines et les doutes de
mon esprit. Consolez-moi dans

mes peines, instruisez-moi dans mes doutes, dirigez-moi dans tous mes desseins; car il n'y a point d'homme qui soit maître de ses voies, et qui puisse aller à vous, sinon par vous.

Jesu potentissime.
Jésus très-puissant.

Dieu tout-puissant et miséricordieux, qui montrez votre puissance à faire miséricorde, pardonnez-moi tous mes péchés, et accordez-moi votre grâce, je vous la demande avec humilité. Quelle gloire serait-ce à votre toute-puissance d'écraser un ver de terre? Mais elle éclatera infiniment, en souffrant et en oubliant les outrages que lui fait la dernière de ses créatures. Il

vous est plus honorable d'être descendu du ciel que d'y être monté,
et de sauver les pécheurs que de
les condamner. O Jésus très-puissant! montrez votre force à me
pardonner et à me sauver. Car c'est
le dernier effort de votre puissance
de faire grâce au plus méchant
et au plus ingrat de tous les pécheurs.

Jesu patientissime.
Jésus très-patient.

Admirez la charité et la patience
infinie de votre Sauveur, en se
donnant à vous après tant d'injures
que vous lui avez faites, et tant d'infidélités que vous avez commises!

O Jésus très-doux et très-patient,
je ne veux point d'autre preuve

de votre bonté que la patience que vous avez à me souffrir à votre table. Que d'égarements en mon esprit! que de froideurs en ma volonté! que de tumulte en mes passions! que de légèreté et d'immodestie en toutes mes puissances! Excusez mes faiblesses, ô Dieu de force! Échauffez mes froideurs, ô Dieu d'amour! Pardonnez-moi mes péchés, ô Dieu de miséricorde! Supportez mes défauts, ô Dieu de patience! Et, en reconnaissance d'un si grand bienfait, je tâcherai aujourd'hui d'imiter votre patience, et de supporter avec douceur tous les défauts de mon prochain.

Jesu obedientissime.
Jésus très-obéissant.

O Jésus obéissant jusqu'à la mort, et jusqu'à la mort de la croix! c'est l'obéissance qui vous a fait descendre sur terre et monter sur une croix. C'est l'obéissance qui vous fait encore tous les jours descendre sur nos autels et entrer dans nos cœurs. Vous obéissez à la voix du prêtre, et vous ne manquez pas d'un moment à faire ce qu'il désire.

O merveille étonnante! Dieu obéit à la voix de l'homme, et l'homme ne veut point obéir à la voix de Dieu. O Jésus très-obéissant! que j'ai de confusion d'avoir résisté si longtemps à vos volontés. Je veux désormais vous obéir fidèlement, et à toutes les créatures pour l'amour de vous, jusqu'à la mort de la croix.

Jesu mitis et humilis corde.
Jésus doux et humble de cœur.

Voilà ce qui me fait approcher de vos autels avec confiance. Vous n'êtes point en ce sacrement un juge sévère et un monarque impérieux, mais un agneau très-doux et un pasteur très-humble de cœur.

O Jésus le plus doux et le plus humble de tous les hommes! comment pouvez-vous souffrir le plus fier et le plus insolent de tous les pécheurs? Je ne veux point d'autre témoignage de votre douceur que la bonté que vous avez de me laisser manger à votre table. O Jésus! rendez-moi doux et humble de cœur comme vous, et ne souffrez pas que je sois dur et hautain, mangeant si souvent la chair d'un agneau.

Jesu amator castitatis.
Jésus ami de la chasteté.

Vous l'aimez et vous nous la communiquez par ce divin Sacrement; c'est pour guérir les plaies que le péché d'Adam a faites à notre chair, et pour apaiser les ardeurs de la concupiscence, que vous nous donnez votre chair à manger. Votre corps virginal rend vierges ceux qui le touchent et qui le mangent, et votre sang très-pur coulant de vos veines purifie la masse et la corruption de notre sang.

Oh! qui oserait approcher de votre table, s'il n'était persuadé de cette vérité! Oh! que je vous suis obligé de m'avoir donné un si puissant remède! Je le confesse, Seigneur, à votre gloire, que si je ne suis point combattu de ces tentations, c'est à votre sacré corps que j'en suis redevable. Mêlez donc votre sang avec le mien; faites une chair de la mienne et de la vôtre, et je vivrai dans la chair, comme si je n'avais point de chair.

Jesu amator noster.
Jésus notre ami.

Savourez ces deux mots, âme dévote; les pouvez-vous prononcer avec vérité? Est-ce Jésus qui est votre ami? N'est-ce pas plutôt l'objet de votre aversion, ou du moins de votre crainte.

O Jésus mon ami! puisque vous

m'avez si tendrement aimé, j'ai
droit de vous nommer mon ami,
encore que je ne vous aime point.
Vous êtes mon ami dans le ciel et
sur la terre; vous l'êtes en ce divin
Sacrement, car c'est l'amour qui
vous fait prendre cette forme :
c'est pour contenter votre amour
que vous l'avez institué, c'est pour
gagner nos cœurs et pour les embraser de votre amour que vous
vous laissez manger.

Oh ! quelle joie pour moi de vous
posséder, mon Dieu, mon amour !
oh ! que j'ai de désir de m'unir à
vous et de me transformer en vous !
Embrasez-moi de votre amour,
beauté toujours nouvelle et toujours ancienne. Ne souffrez plus
que mon cœur s'attache d'affection

à aucune créature. Vous serez désormais l'objet de mon amour, ô Jésus! mon unique amour.

Jesu Deus pacis.
Jésus Dieu de paix.

Mon cœur a cherché la paix dans les créatures et ne l'a pu trouver, parce qu'il n'y a que vous, mon Créateur, qui la lui puissiez donner.

O Jésus mon médiateur! je crois que vous êtes un Dieu de paix, le centre et le principe de la paix. C'est vous qui avez pacifié le ciel et la terre, et qui avez réconcilié les hommes avec Dieu votre Père. Oh! que mon cœur est agité de troubles! que de tempêtes dans mon esprit! que de vertus et que d'orages dans mes passions! Dites un mot, Seigneur, et aussitôt les vents se tairont, et les tempêtes s'apaiseront. Il se fera un calme extraordinaire en mon âme.

Vous avez ordonné à vos disciples de dire, en entrant dans une maison : La paix soit en cette maison, avec promesse qu'elle y demeurerait, s'il s'y trouvait un enfant de paix. O Jésus! je ne suis point digne que vous entriez dans ma maison; mais enfin vous y voilà. Dites donc en entrant : La paix soit dans cette maison; et toutes mes puissances seront en paix. Commandez à mes passions de se taire, et aussitôt elles vous obéiront.

Jesu auctor vitæ.
Jésus auteur de la vie.

Je vous remercie, ô Père charitable! de cette inestimable faveur. Où est le pasteur qui donne à ses brebis sa chair à manger et son sang à boire? Jésus auteur de la vie, vous avez promis à ceux qui vous mangeraient, qu'ils vivraient pour votre Père, accomplissez donc votre promesse, puisque je vous ai mangé, communiquez-moi votre vie. O mon Père et ma vie! conservez la vie que vous avez en moi, ne souffrez pas que je vous l'enlève par un péché mortel. Ne permettez pas que je sois plus de trois jours sans manger de ce pain céleste, de peur que je ne tombe en défaillance, et que je ne meure en chemin faute de nourriture.

Jesu exemplar virtutum.
Jésus l'exemplaire des vertus.

Mon âme est ravie quand elle considère les vertus que vous pratiquez et que vous lui enseignez en ce divin Sacrement. Quelle douceur! quelle charité! quelle libéralité! quelle miséricorde! quelle patience! quelle humilité! quelle pauvreté! quel anéantissement!

O Jésus! vous êtes le Dieu des vertus. Vous nous faites pratiquer par votre grâce ce que vous nous enseignez par vos exemples. Imprimez-vous comme un cachet sur mon cœur, et rendez-moi une parfaite expression de votre vie. Les aliments communiquent leurs qualités à ceux qui les mangent. Hé!

comment se peut-il faire que, mangeant le Dieu des vertus, je ne sois l'exemplaire de toutes les vertus, je ne sois composé que de vices. Ah! Seigneur, effacez de mon âme cette image de Satan, et rendez-lui la vôtre. Détruisez mon iniquité, et rendez-moi votre sainteté.

Jesu zelator animarum.
Jésus zélateur des âmes.

Si vous avez tant de zèle pour le salut de mon âme, quel sujet ai-je, mon Sauveur, de me défier de vous, de vous fuir et de vous appréhender? Je suis pécheur il est vrai; mais n'est-ce pas pour les pécheurs que vous êtes venu au monde? N'est-ce pas pour les sauver, que vous êtes monté sur une croix? N'avez-vous pas mangé avec eux? N'avez-vous pas pris plaisir à converser avec eux? Que n'avez-vous point fait pour gagner une Samaritaine?

O Jésus! le grand zélateur de nos âmes, voici la mienne que je vous présente, et que je vous donne pour jamais. C'est une brebis qui a été longtemps égarée. Hélas! où est-ce que vous ne l'avez point été chercher? Mettez-la sur vos épaules, ô bon Pasteur! rapportez-la dans votre bergerie. Faites un festin à vos amis; ordonnez aux Anges de s'en réjouir. Conservez mon âme qui vous est si chère, et ne laissez pas perdre ce que vous avez aimé plus que votre vie.

Jesu Deus noster.
Jésus notre Dieu.

Mon Dieu et mon Sauveur, qu'est-ce que je cherche au monde, et que puis-je désirer après vous? Mon Dieu et mon tout, que je m'estime heureux de vous tenir entre mes bras, et de vous faire reposer dans mon cœur! C'est maintenant, Seigneur, que vous laisserez mourir en paix votre serviteur, selon votre parole, puisque mes yeux ont vu le Sauveur que vous lui donnez, puisque ma bouche l'a baisé, puisque mes bras l'ont emporté, puisque mon cœur l'a reçu et embrassé. Je crois que vous êtes mon Dieu et mon unique Sauveur; et puisque vous vous donnez à moi si libéralement en cette vie, j'espère que vous vous donnerez encore à moi après la mort.

Jesu refugium nostrum.
Jésus notre refuge.

Pressé de misères, accablé de travaux, assailli des démons, tourmenté de continuelles tentations, trahi de mes amis, persécuté de mes ennemis, abandonné de tout secours humain, poursuivi même de la justice de Dieu votre Père, je m'adresse à vous, ô bon Jésus! comme à mon unique refuge. Je me jette entre vos bras, et je me réfugie dans votre Cœur comme dans l'asile des malheureux.

O Seigneur! vous avez préparé

un festin devant mes yeux, contre ceux qui m'affligent. Aussi, quand je marcherais au milieu de l'ombre de la mort, et quand je me verrais environné du camp de mes ennemis, je ne craindrais aucun mal, parce que vous êtes avec moi, et que je suis avec vous, mon Dieu et mon unique refuge.

Jesu pater pauperum.
Jesu thesaurus fidelium.
Jésus père des pauvres.
Jésus trésor des fidèles.

Si vous êtes le père des pauvres, je puis me qualifier votre enfant, puisque je suis le plus pauvre de tous les hommes. O mon père et mon Dieu! que votre nom soit sanctifié, que votre royaume nous arrive, que votre volonté soit faite dans la terre comme au ciel. Donnez-nous aujourd'hui notre pain de chaque jour, qui est votre sacré Corps, la nourriture de nos âmes et le trésor des pauvres.

Oh! quel pain! oh! quel trésor! je ne suis plus pauvre, mais infiniment riche, puisque je possède le trésor des cieux. O Seigneur Jésus! enrichissez ma pauvreté du trésor de vos grâces et de vos mérites. Donnez-moi votre saint amour, et je serai content; en le possédant, je serai trop riche, je ne demanderai plus rien.

Jesu bone pastor.
Jésus le bon pasteur.

Oh! véritablement vous êtes le bon

Pasteur, puisque vous donnez votre âme et votre vie pour vos brebis. Que j'ai de plaisir à répéter et à vous adresser ces paroles de votre sainte Église. *O bon Pasteur ! pain véritable ! Jésus, ayez pitié de nous. Nourrissez-nous, défendez-nous, faites-nous voir les biens célestes dans la terre des vivants. Vous qui savez et qui pouvez tout, qui nous nourrissez en cette vie mortelle, faites-nous manger à votre table au ciel, et rendez-nous participants de la félicité des Saints.*

Jesu lux vera.
Jesu sapientia æterna.
Jésus la véritable lumière.
Jésus la sagesse éternelle.

Je vous salue, ô lumière incréée !

qui faites le beau jour de l'éternité. Je vous salue, ô Sagesse éternelle! qui remplissez l'esprit des saints de splendeurs infinies. Que je suis heureux de vous renfermer dans mon cœur! O lumière véritable! c'est vous qui éclairez tous les hommes qui viennent en ce monde : éclairez-moi donc de vos connaissances, et montrez-moi la vanité des créatures. O Sagesse éternelle! c'est vous qui gouvernez l'univers : gouvernez donc le petit monde de mon âme et de mon corps, et ne m'abandonnez jamais à ma conduite propre.

Jesu bonitas infinita.
Jésus bonté infinie.

Il faut bien que votre bonté soit

infinie pour pardonner des péchés infinis, et pour triompher de mes ingratitudes, qui sont infinies, par la profusion d'une infinité de grâces. Ma malice, Seigneur, quelque grande qu'elle soit, n'égalera jamais votre miséricorde; car ma malice est humaine, et votre bonté est divine; ma malice est infinie, et votre bonté est infinie. Oh! j'en suis convaincu par la grâce que vous me faites de vous donner à moi. Ne faut-il pas avoir une bonté extrême pour se donner en nourriture au plus grand des pécheurs? *O chose tout à fait admirable, le pauvre et l'humble serviteur reçoit et mange son Seigneur!*

Jesu via et vita nostra.

Jésus notre voie et notre vie.

Puisque vous êtes ma voie, ô Jésus ! conduisez-moi. Puisque vous êtes ma vie, ô Jésus ! animez-moi. Vous êtes la voie par où je dois marcher. Vous êtes la vie qui doit m'animer. Vous êtes la voie pour mon esprit. Vous êtes la voie pour mon cœur. Si je ne vous suis, je quitterai la voie du salut ; si je ne vous mange, je perdrai la vie de la grâce, puisque vous nous assurez que si nous ne mangeons votre chair, et si nous ne buvons votre sang, nous n'aurons point la vie en nous.

Jesu gaudium Angelorum, etc.
Jésus la joie des Anges, etc.

O la joie des hommes et des Anges ! d'où vient que mon cœur

est si triste et qu'il se consume de chagrin. C'est qu'il aime sans doute quelque autre chose que vous.

O maître des Apôtres et docteur des Évangélistes! d'où vient que je suis si ignorant et si stupide? C'est que je ne suis point votre disciple; c'est que je ne crois point votre Évangile; c'est que je n'écoute point votre parole; c'est que je n'imite point vos exemples.

O Force des Martyrs! donnez-moi la grâce de triompher des tyrans qui me veulent faire renoncer la foi et abandonner votre service.

O Lumière des Confesseurs! dissipez les ténèbres de mon infidélité; et si je ne puis être martyr pour vous, que je sois du moins votre confesseur.

O Pureté des Vierges! purifiez mon âme et mon corps.

O Couronne de tous les Saints! je vous loue, je vous adore, je vous bénis, je vous remercie de ce que vous voulez que je sois du nombre de vos Saints. Vous êtes ma gloire en cette vie, et vous serez éternellement ma couronne en l'autre.

Agneau de Dieu qui portez les péchés du monde, pardonnez-moi ceux que j'ai commis.

Agneau de Dieu qui portez les péchés du monde, portez les miens et apaisez la colère de votre Père justement irrité contre moi.

Agneau de Dieu qui portez les péchés du monde, pardonnez-nous nos offenses, comme nous par-

donnons à ceux qui nous ont offensés.

Jésus écoutez-nous.
Jésus exaucez-nous.

ORAISON A NOTRE-SEIGNEUR APRÈS LA COMMUNION.

Il faut s'arrêter un peu à chaque ligne, et goûter les paroles qui toucheront plus le cœur.

Ame de Jésus, sanctifiez-moi.

Sang de Jésus, lavez-moi.

Passion de Jésus, fortifiez-moi.

Plaies de Jésus, guérissez-moi.

Cœur de Jésus, recevez-moi.

Esprit de Jésus, animez-moi.

Bonté de Jésus, pardonnez-moi.

Beauté de Jésus, attirez-moi.

Humilité de Jésus, anéantissez-moi.

Douceur de Jésus, pénétrez-moi.

Amour de Jésus, embrasez-moi.

Royaume de Jésus, venez à moi.

Grâce de Jésus, remplissez-moi.

Miséricorde de Jésus, ayez pitié de moi.

Sainteté de Jésus, consacrez-moi.

Pureté de Jésus, purifiez-moi.

Bouche de Jésus, bénissez-moi dans le temps et dans l'éternité. Ainsi soit-il.

Xᵉ ENTRETIEN.

Instruction importante pour bien communier.

1. Comme l'Eucharistie est le plus grand et le plus auguste de nos Sacrements, son usage est l'action la plus importante de notre vie. Il ne faudrait qu'une bonne communion pour faire un Saint; et il ne faut presque qu'une bonne volonté pour la rendre bonne.

2. Ceux qui demandent une sainteté parfaite pour approcher de ce Sacrement, pensant lui faire honneur, l'avilissent et le déshonorent, parce qu'ils le rendent inutile à ceux qui le reçoivent et à ceux

qui ne le reçoivent pas. En effet, quel bien me fera ce Sacrement, si j'ai une sainteté consommée? et quand le recevrai-je, s'il faut que j'aie cette sainteté?

3. Il n'y a rien de plus injuste et de plus déraisonnable que de demander, pour préparation nécessaire à un Sacrement, ce qui est le fruit et la fin de ce Sacrement. Cette pureté sans tache, cette perfection sans défaut, cette sainteté sans vice, cette grâce et cette charité consommée, sont les effets de ce Sacrement; c'est pour les produire dans nos cœurs par un usage fréquent, qu'il est institué. Il n'y a donc pas de justice à exiger cette sainteté, comme une préparation nécessaire à le recevoir.

4. C'est une présomption horrible de se croire digne de recevoir un Dieu, quelques préparations qu'on y apporte. Si nous mesurons notre dignité sur l'excellence des sacrements, nous ne communierons jamais ; si nous la mesurons sur notre indigence, nous communierons tous les jours. Jésus n'est pas dans ce Sacrement pour s'y faire craindre, mais pour s'y faire aimer. Le pain n'est pas une nourriture qu'on prenne quelque fois l'année, mais tous les jours. Pourquoi prendre cette forme, s'il ne veut pas être mangé? S'il voulait se faire craindre des hommes, n'aurait-il pas pris une figure plus auguste et plus majestueuse? Comme nous ne pouvons nous passer de ce Sa-

crement, Notre - Seigneur en a rendu l'usage et l'accès facile à tout le monde. Approchez de la lumière, et elle vous éclairera; approchez du feu, et il vous échauffera ; approchez de Jésus, qui est votre vie, votre conseil, votre justice, et votre sanctification; mais approchez-en sans crainte, et il vous animera, il vous instruira, il vous purifiera, il vous sanctifiera.

5. Une des choses qui empêchent le plus de profiter de la communion, c'est qu'on ne mange pas ce pain céleste avec faim et avec appétit. Quel moyen d'en approcher avec amour, ayant le cœur saisi de crainte? et qui peut n'en pas avoir, croyant que c'est abuser de ce Sacrement que de n'avoir pas

une pureté angélique lorsqu'on le reçoit?

6. Préparez-vous bien, âme chrétienne ; mais persuadez-vous que la meilleure de toutes les préparations est la connaissance de vous-même, de votre pauvreté et de votre indigence, avec une ferme espérance que Notre-Seigneur, par sa bonté, suppléera à votre indignité. Ne vous empressez pas, comme Marthe, à bien traiter Notre-Seigneur, attendez plutôt de lui, comme Madeleine, en paix et en silence, la nourriture de votre âme et le soulagement de votre cœur.

7. Ne vous retirez pas de la sainte table par dégoût ou par scrupule. Une âme est bien malade

quand elle a perdu l'appétit de cette céleste viande. Le salut dépend quelquefois d'une communion ; que savez-vous si ce n'est point de celle que vous omettez ?

8. *Conc. Trid. sess.* 13. *c.* 8. — Notre-Seigneur, en ce divin Sacrement, n'est pas seulement la nourriture de nos âmes, il est encore leur remède. Il nous nourrit comme aliment, il nous guérit comme médicament. Si donc vous êtes malade, vous devez vous en approcher, et non pas vous en retirer. Quoi! est-ce honorer ce pain, que de n'en point manger? Est-ce aimer un époux, que de le fuir et de n'en oser approcher? Quel honneur faites-vous à Notre-Seigneur, de croire que vous pouvez vous

passer de lui, et arriver à la sainteté sans le secours de sa grâce?
Comment résisterez-vous aux tentations sans avoir de force, et d'où
la tirerez-vous, si ce n'est de ce
divin Sacrement?

9. Demandez pardon au Fils de
Dieu du mépris que vous avez fait
de lui sous prétexte de l'honorer.
Pleurez la perte des grâces que
vous avez faite; car elles ne cou-
lent dans nos âmes que par le canal
des Sacrements, et principalement
de celui-ci qui en est la source. Faites la résolution désormais de plutôt laisser mourir votre corps de
faim que de refuser à votre âme sa
nourriture, et de ne point manger de tout le jour que vous ne
voudrez pas communier.

10. Vous communiez souvent, dites-vous; mais le faites-vous dignement? Ne vous approchez-vous point de la sainte table en état de péché mortel? Si vous ne le connaissez pas, la communion l'effacera; si vous le connaissez, votre communion vous condamnera; car c'est manger son jugement que de communier indignement; et c'est communier indignement que de le faire sachant qu'on n'est point en état de grâce. Si vous aimez mieux mourir que de communier en état de péché mortel, vous avez sujet de croire que vous ne communiez pas indignement.

11. On peut recevoir l'effet principal du Sacrement, qui est la grâce sanctifiante, sans recevoir tous les

autres fruits qu'il produit. Pour recevoir l'accroissement de la grâce, il faut être exempt de péché mortel ; pour en recevoir tous les fruits, il faut n'avoir point d'attache volontaire au péché véniel. N'est-ce point ce qui empêche l'effet de vos communions, et ce qui vous rend si faible et si languissant ?

12. C'est une très-bonne chose de s'accoutumer au bien ; mais il faut aussi se garder de faire le bien par coutume, c'est-à-dire sans attention, sans réflexion et sans advertance. Vous préparez-vous comme il le faut, quand vous devez communier ? N'est-ce point par respect humain ou par contrainte que vous le faites ? Mangez-

gez-vous cette manne céleste avec appétit, ou si c'est avec dégoût, comme ces Juifs sensuels qui étaient dégoûtés du pain des Anges, et que Dieu a punis si sévèrement? N'avez-vous point quelque péché d'habitude dont vous ne vouliez point vous défaire? Seriez-vous prêt à mourir en allant communier? Êtes-vous toujours résolu de travailler à votre perfection, quelque dégoût que vous sentiez. Si cela est, vous pouvez communier; car ce Sacrement, comme nous avons dit, ne suppose pas une âme parfaite, mais lui donne la force pour arriver à la perfection. *O mon Dieu!* dit David, *ceux qui s'éloignent de vous périront.* Faites-vous régler vos communions.

et, si vous êtes religieuse, ne manquez pas de suivre la communauté. Dieu veut que vous gardiez vos règles; par conséquent, que vous communiiez les jours prescrits par la règle. Tout ce qui vous empêche ces jours-là, ce sont de pures illusions.

13. Dire la messe tous les jours et n'en devenir pas meilleur, communier souvent et en devenir plus méchant, c'est une marque qu'on ne fait point un bon usage de ce Sacrement. Ne jugez pas que vous deveniez plus méchant pour sentir de fortes inclinations au mal. La communion n'ôte pas toutes les inclinations mauvaises; elle nous en laisse quelques-unes pour nous tenir dans la défiance de nous-mêmes

et dans la dépendance de la grâce. Si elle n'empêche pas le sentiment, elle empêche le consentement, comme dit saint Bernard. Voudriez-vous commettre un péché mortel? Comment dites-vous que vous ne profitez point de la communion? Pourriez-vous sans elle vous en abstenir?

14. Les âmes humbles croient empirer au lieu de s'amender, et reculer au lieu d'avancer. Il ne faut pas juger du profit qu'on fait par le sentiment qu'on en a. Il est bon que vous vous croyiez la plus méchante et la plus infidèle des créatures; et, quoique vous la soyez véritablement, cela ne vous empêchera point de communier, pourvu que vous ayez un véritable dessein

de vous amender; car comment le ferez-vous sans grâce? et d'où la retirerez-vous, si ce n'est de ce Sacrement, où est l'auteur de la grâce? Que si vous ne voulez point travailler à votre perfection, ni vous corriger de vos défauts, ni rompre vos attaches, je ne suis pas d'avis que vous approchiez de la communion.

15. Ne confondez pas le sentiment du mal avec le consentement au mal. Vous pouvez être méchant ayant de fortes inclinations au bien; vous pouvez être saint ayant de fortes inclinations au mal, pourvu que vous n'y donniez point de consentement. Ainsi, les tentations ne vous doivent point retirer de la sainte table : au contraire,

c'est ce qui vous oblige d'en approcher, pour y trouver de la force et du remède. Ne vouloir point se chauffer parce qu'on a froid, ni manger parce qu'on a faim, ni prendre de remède parce qu'on est malade, sont-ce les résolutions d'une personne sage et qui veut vivre, ou d'une personne désespérée qui veut mourir.

16. La dévotion sensible n'est pas nécessaire pour bien communier, puisqu'elle ne dépend pas toujours de notre volonté, et qu'il arrive souvent que les plus grands Saints n'en ont pas même aux plus grandes fêtes de l'année, comme il arriva à sainte Térèse le jour de Pàques, soit parce que l'âme s'attache à ces menues douceurs, soit parce

qu'elle se promet de les avoir par ses propres forces. Quoi qu'il en soit, ce n'est pas en ces tendresses que consiste la véritable dévotion, mais dans une prompte et constante volonté de faire ce que Dieu veut, et de ne pas faire ce qu'il défend. Faites ce que vous pouvez avec la grâce de Dieu ; suppléez par votre humilité, comme parle saint Bernard, à ce qui manque à votre charité, et vous serez très-bien préparé.

17. Il y a de belles pratiques pour se préparer à la communion. La meilleure, à mon avis, après la confession, est l'humilité et le désir. L'humilité nous fait voir notre indignité ; le désir, notre indigence. La première nous éloigne

de la sainte table, la seconde nous en approche. L'une nous fait dire avec le centenier : *Seigneur, je ne suis point digne ;* l'autre nous fait dire avec saint Pierre, lorsque les autres disciples se retiraient de la compagnie de leur Maître : *Seigneur, à qui irons-nous? vous avez les paroles de la vie éternelle.*

18. Pour s'humilier devant Notre-Seigneur, il n'y a qu'à pénétrer ces deux paroles : *Qui êtes-vous, mon Dieu, et qui suis-je?* Pour désirer de le recevoir, il faut considérer l'honneur et le profit qui nous revient de manger à sa table, l'amour infini que Jésus-Christ nous porte, le désir qu'il a de manger cette pâque avec nous, d'entrer dans nos cœurs et de nous

communiquer sa vie, la misère extrême où nous sommes, la nécessité que nous avons de sa grâce et de sa force. Le désir est l'enfant de la pauvreté : une âme qui connaît son indigence a une passion infinie de communier, pour se nourrir et pour prendre des forces.

19. Ne vous persuadez pas, quelque préparation que vous puissiez apporter à la communion, que vous soyez jamais digne de communier. Cette pensée est présomptueuse, et vous rendrait indigne de participer à ces divins mystères. Mettez toute votre dignité, si vous en pouvez avoir, en votre humilité. Protestez devant le ciel et la terre que vous ne comptez que sur la bonté de Dieu, sur le désir qu'en à

Notre-Seigneur , et sur l'obéissance que vous devez à votre confesseur.

20. Purifiez votre intention. Approchez de la sainte table pour honorer Dieu, pour obéir à ses volontés, pour accomplir ses desseins, pour vous unir à Jésus-Christ, pour lui donner la vie dans votre cœur, pour vous appliquer les mérites de sa passion , pour vous enrichir de ses grâces, pour nourrir et fortifier votre âme, pour obtenir quelque vertu, pour détruire quelque vice, pour le soulagement de vos amis vivants et défunts , ou pour quelque autre fin semblable.

21. Ne vous empressez point en vos dévotions : persuadez-vous que

tout consiste à s'humilier et à demeurer en paix. Êtes-vous capable
de recevoir un Dieu? Avez - vous
de quoi fournir à cette dépense?
Priez Notre-Seigneur de se préparer lui - même son logis, et d'en-
voyer deux de ses disciples pour
mettre tout en ordre. Soyez semblables à ces vierges sages qui
attendaient leur Époux sans bruit
et sans inquiétude.

22. Il y a beaucoup de moyens
d'occuper son esprit et d'exciter sa
dévotion avant que de communier.
Les uns le font par ces pensées.
Qui suis-je, mon Dieu, et qui êtes-
vous? Que venez-vous faire dans
mon cœur? Que gagnerai-je à vous
recevoir? Pour quelle fin vais-je
communier?

23. D'autres parcourent la vie de Notre-Seigneur, et s'arrêtent au mystère qui les touche davantage. Par exemple : Je vais, dit une bonne âme, recevoir le Fils de Dieu qui est assis sur le trône de son Père, qui est adoré des Anges, et qui s'est revêtu de ma chair dans les entrailles de la sainte Vierge. Je vais renouveler son incarnation, lui donnant une nouvelle vie dans moi. Oh! quel honneur pour moi! Oh! quelle grâce et quelle faveur! N'est-elle pas aussi grande que celle qu'il a faite à la Vierge! Hélas! je n'ai point sa sainteté, et cependant je la devrais avoir, puisque le même Fils de Dieu entre dans mon cœur, et s'unit plus parfaitement à moi par

la communion, qu'il ne s'est uni
à elle par l'incarnation.

24. Si cette pensée ne vous touche point, passez à une autre, et
songez que vous allez recevoir Celui
qui est né dans une étable, Celui
qui a été visité des bergers, Celui
qui a été adoré des rois, Celui qui
a été reçu entre les bras de saint
Siméon dans le temple, qui a été
tenté dans le désert, qui s'est transfiguré sur le Thabor. Celui qui a
fait tant de miracles, qui a éclairé
tant d'aveugles, qui a guéri tant
de malades, qui a ressuscité tant
de morts, qui n'est jamais entré
dans une maison sans y laisser des
marques de sa bonté. Concevez un
grand désir de le recevoir, et une
ferme espérance qu'il guérira,

sanctifiera, et enrichira votre âme de ses trésors.

25. Passez ensuite à sa passion, et considérez que vous allez recevoir Celui qui a institué ce divin Sacrement la veille de sa mort; qui sua du sang dans le jardin des Olives; qui le versa de toutes les veines de son corps dans le prétoire de Pilate; qui le donna jusqu'à la dernière goutte sur la croix, et que c'est ce même sang qui va échauffer votre cœur, et couler dans vos veines.

26. Ajoutez encore que celui que vous allez recevoir vous aime si tendrement, qu'il a bien voulu mourir pour vous; qu'il vous vient appliquer le fruit de sa mort et de sa passion; que c'est lui qui fut

mis dans un sépulcre, et qui va descendre dans votre cœur, comme s'il descendait de la croix dans le tombeau; que c'est lui qui vous a été chercher dans les enfers, et qui est ressuscité glorieux; que vous allez recevoir ce même corps avec ces plaies adorables qu'il fit toucher à ses disciples; qu'il vous va découvrir son côté, et vous donner entrée dans son Cœur.

27. Enfin, considérez que vous allez recevoir Celui qui est monté au ciel, qui doit venir juger les vivants et les morts, et qui vous remerciera de l'avoir logé chez vous lorsqu'il était pèlerin sur la terre. N'y a-t-il pas là suffisamment de quoi vous occuper et vous donner de la dévotion.

28. Il y en a d'autres qui parcourent les litanies du saint nom de Jésus, et qui s'arrêtent au titre qui les touche le plus. Je vais recevoir le Fils de Dieu vivant; je vais recevoir le Roi de gloire; je vais recevoir le Soleil de Justice, le Dieu de paix, le Père des pauvres, etc. Et de chaque titre ils tirent des motifs d'humilité, de charité et de confiance, comme nous avons fait voir dans le quatrième entretien.

29. Or, comme il est très-important de se bien préparer avant la communion, il est aussi nécessaire de bien ménager le temps après la communion. La viande ne profite point, si elle n'est digérée. C'est le feu de l'amour et de

la dévotion qui nous transforme en Notre-Seigneur après que nous l'avons reçu. O Jérusalem! si tu savais qui est celui qui te vient visiter et les biens que tu peux retirer de cette visite! Mais parce que tu n'en as pas profité, tu seras sévèrement châtiée.

30. Savez-vous comment il faut vous entretenir avec Notre-Seigneur? Quelle civilité feriez-vous à un roi qui viendrait vous voir et manger avec vous? Quelles actions de grâces lui rendriez-vous? Que de demandes et que de requêtes lui présenteriez-vous pour vous et pour vos amis?

31. Si Jésus-Chrit, en entrant, vous donne des marques sensibles de sa présence et vous attendrit le

cœur , profitez de ces précieux moments. Si vous êtes distrait, dissipé, tiède et languissant, ne vous troublez pas pour cela , mais priez Notre-Seigneur de suppléer à votre impuissance, et de faire en votre cœur ce qu'il a dessein d'y opérer. La viande se digère en votre estomac sans que vous y pensiez, pourvu que vous ne troubliez point l'opération de la nature. Laissez faire la grâce ; si vous ne l'empêchez point d'agir par des distractions volontaires, elle digèrera, pour ainsi parler, cette viande céleste et vous transformera en Jésus-Christ. C'est un roi de paix qui demeure dans la paix. Ne troublez point son repos, et il vous donnera sa paix.

32. Il est bon d'abord, après avoir communié, de vous tenir paisible et dans un profond silence, écoutant Notre-Seigneur parler, ou plutôt le laissant faire ce qu'il veut dans votre cœur. Ne jugez pas de l'effet de la communion par le sentiment que vous en avez. Les opérations de Dieu les plus parfaites sont ordinairement les moins sensibles. Quand l'Époux est entré, fermez la porte de votre cœur et reposez-vous sur son sein.

L'amour est éloquent; il ne faut point lui apprendre à discourir. Il parle beaucoup quand il est jeune; il se tait quand il est dans sa force et dans sa maturité. Parlez beaucoup, âmes tendres. Priez.

demandez, pleurez, soupirez ; mais ne manquez pas aussi d'entendre ce que vous dira le Seigneur.

33. Pour les âmes parfaites, elles doivent s'abandonner entièrement à son amour et jouir doucement de la présence de leur bien-aimé. Si elles veulent parler, elles se contenteront de lui dire ces deux paroles : *Mon Dieu et mon tout.* C'est encore trop ; il faut que toute chair se taise en la présence du Seigneur.

34. Ceux qui n'ont pas de facilité à s'entretenir avec Notre-Seigneur, pourront s'aider des mêmes considérations que nous avons proposées avant la communion, changeant le temps à venir au pré-

sent, et disant : Voilà celui qui est né dans une étable. Arrêtez-vous là. Voilà celui qui est mort sur une croix. Arrêtez-vous et produisez des actes d'amour, de reconnaissance, et ainsi du reste. Vous pouvez aussi parcourir les litanies du saint nom de Jésus, de la manière que nous avons enseignée.

35. Il y en a qui font leur enfer d'être avec Dieu ; leur plus grand tourment est d'être en sa présence ; ils s'enfuient dès lors qu'il est entré chez eux, et lui tournent le dos pour s'entretenir avec les créatures. A la vérité, c'est là une incivilité sans exemple. Vous ne sauriez que lui dire ? Laissez-le parler. Vous ne pouvez aimer ? ne pouvez-

vous pas vous humilier? Demeurez à ses pieds comme la Madeleine, et priez tous les saints de le remercier pour vous. Récitez du moins quelques oraisons vocales, et faites à votre hôte le meilleur accueil que vous pourrez.

36. Aussitôt que Judas eut communié, Satan entra dans son corps et l'obligea de se retirer; d'autant, dit saint Cyrille d'Alexandrie, qu'il appréhendait que le Fils de Dieu par sa présence ne touchât le cœur de ce misérable, et ne lui donnât quelque sentiment de douleur. Tandis que je suis au monde, dit-il, je suis la lumière du monde. Tandis qu'il est dans une âme, n'est-il pas le soleil de cette âme? Il est impossible d'être modeste-

ment en sa présence sans sentir quelque rayon de sa grâce et de son amour. Ah! vous vous enfuyez, Caïn; tous les objets que vous rencontrerez vous donneront la mort.

37. Lorsqu'on fait un bon repas, on s'en sent toute la journée. Celui qui a bien mangé à la table du Seigneur, sent dans son cœur le même jour et les suivants une plénitude de douceur, de grâce et d'onction qui pénètre son âme, qui la rassasie, qui la comble de joie, et qui la dégoûte de tous les vains plaisirs de la terre. Ceux qui aiment Jésus, et qui savent estimer l'honneur qu'il leur a fait de descendre du ciel pour les visiter, n'oublient pas si tôt ce bienfait;

ils en conservent le souvenir, et sentent souvent même dans leur bouche le goût d'un miel divin et d'une manne céleste qui ne peut être connu que de ceux qui l'ont expérimenté. Ils sont tout embaumés de l'odeur que Jésus a répandue dans leur âme, et qui les attire avec une douce violence après lui.

Ces grâces ne se communiquent pas à tout le monde : comme il n'y avait que les gens de bien parmi les Juifs qui goûtassent les délices de la manne dans le désert, il n'y a que les âmes bien pures et bien mortifiées à qui Jésus fait sentir les douceurs inexplicables du pain qu'il leur donne.

38. Ne recherchez point ces

goûts, et ne croyez point avoir mal communié pour ne les pas sentir ; mais tenez-vous pendant toute la journée dans un grand recueillement, et prenez les sentiments qu'avait saint Siméon après avoir reçu dans le temple l'enfant Jésus entre ses bras. Que fit-il le reste de la journée ? Il ne pensait qu'au bonheur qu'il avait eu de recevoir dans son sein le Sauveur du monde, le Rédempteur d'Israël, le Messie si longtemps attendu et si ardemment désiré. Il bénissait Dieu de lui avoir accordé cette grâce et soupirait après la mort en disant : *C'est maintenant, Seigneur, que vous laisserez aller en paix votre serviteur ; puisqu'il a reçu le Sauveur que vous avez envoyé au monde.*

Vous recevrez à la communion le même Sauveur, non pas entre vos bras, mais dans votre cœur. Pensez donc à ce bienfait le reste de la journée. Ne désirez plus rien voir sur la terre après lui. Soupirez après la mort et attendez-la en paix.

39. On se plait en la compagnie de ceux qu'on aime. Le Fils de Dieu fait ses délices d'être avec vous ; faites-vous les vôtres d'être avec lui ? Lui rendez-vous tous les jours quelque visite ? Il est demeuré sur la terre pour vous conseiller dans vos doutes, pour vous consoler dans vos peines, pour vous fortifier dans vos faiblesses, pour vous défendre dans vos tentations. Croyez-vous qu'il soit sur nos

autels? Pouvez-vous le croire et l'abandonner?

40. Il y en a qui, dans les visites au saint Sacrement, le considèrent chaque jour dans un festin où il s'est trouvé sur la terre. Le lundi, aux noces de Cana avec sa sainte Mère; le mardi, chez Simon avec les publicains; le mercredi, au désert avec les Anges; le jeudi, dans le Cénacle avec ses Apôtres, ou chez Lazare avec Marthe et Marie; le vendredi, sur la Croix avec les voleurs, où il est abreuvé de fiel et de vinaigre; le samedi, dans le château d'Emmaüs avec deux de ses disciples; le dimanche, dans la salle après sa résurrection, et sur le rivage avec ses Apôtres.

41. D'autres le considèrent dans le saint Sacrement sous divers titres. Le dimanche comme roi ; le lundi comme père ; le mardi comme ami ; le mercredi comme médecin ; le jeudi comme époux ; le vendredi comme rédempteur ; le samedi comme conquérant, vainqueur des démons et triomphateur. Il faut produire des actes de foi, d'espérance, d'amour, de confiance, de remerciement, etc., conformément à la disposition où l'on se trouve et au titre que l'on considère. Ceux qui communient tous les jours peuvent le recevoir chaque jour en l'une de ces manières.

42. D'autres enfin se le proposent dans le cours de sa Passion, dont ce Sacrement est la représentation.

Le lundi dans le jardin des Olives, combattant et vous invitant à combattre avec lui; le mardi chez Anne et chez Caïphe, souffrant des injures, et vous exhortant à souffrir comme lui; le mercredi chez Hérode et avec Barrabas, traité de fou et de scélérat, vous enseignant qu'il faut être méprisé comme lui; le jeudi en la flagellation et en son couronnement, vous disant qu'il faut être déchiré et maltraité comme lui; le vendredi portant sa croix, mourant sur le Calvaire, vous priant de la porter avec lui et de mourir comme lui; le samedi dans le tombeau et dans les Limbes, vous exhortant à y descendre après lui; le dimanche ressuscité dans la Galilée, on dans le ciel, vous promettant de vous faire régner avec lui.

Examinez-vous sur toutes vos dévotions, et voyez si vous vous en acquittez comme vous le devez.

XIᵉ ENTRETIEN.

Du saint sacrifice de la Messe.

§ I.

Il y a de si beaux rapports et des convenances si justes entre l'Eucharistie et la passion du Fils de Dieu, qu'on ne saurait presque dire si c'est sa mort même, ou la représentation de sa mort ; car c'est le même prêtre, la même victime, et le même sacrifice, quoique l'immolation en soit différente. Saint Paul dit qu'autant de fois que nous célébrons ces divins mystères, nous annonçons la mort du Fils de Dieu, non pas tant de parole que d'action ; c'est ainsi que saint Ambroise explique ce passage.

Saint Cyprien appelle le Sacrifice de nos autels la passion même du Sauveur : *Passio est Domini sacrificium quod offerimus.* Rupert le nomme, d'une expression hardie, les funérailles journalières de Jésus-Christ notre Seigneur : *Quotidianas exequias Christi Domini.* C'est dans cette pensée que saint Grégoire pape dit qu'autant de fois que nous offrons cette victime, nous renouvelons la passion de Jésus pour la remission de nos péchés : *Quoties ei hostiam suæ passionis offerimus, toties nobis ad absolutionem nostram passionem illius reparamus.*

Pour découvrir ce grand mys-

tère d'amour, il faut observer trois
choses : la première, que le Fils de
Dieu est sur nos autels en qualité
de victime; la seconde, qu'il y est
détruit; la troisième, de quelle
manière il y est détruit.

S'il y a un sacrifice dans l'Église,
comme la foi nous l'enseigne, il
faut nécessairement que Jésus-
Christ en soit la victime, et il ne
peut y en avoir d'autre que lui.
La raison qu'en apporte saint Thomas est très-belle. Le sacrifice,
dit-il, étant un culte religieux que
nous rendons à Dieu et une protestation solennelle, visible et exté-
rieure qu'il est seul, en quelque
façon, l'être de toutes choses, et
que tout n'est rien en sa présence,
toute la république humaine

assemblée en corps doit se présenter devant lui pour être détruite et anéantie, en reconnaissance de l'autorité souveraine qu'il a sur elle. Car il est indubitable qu'entre tous les honneurs qu'on peut rendre à Dieu, le sacrifice tient le premier rang, comme étant la plus parfaite de toutes les offrandes, et que de toutes les choses qu'un homme peut offrir à Dieu, il n'y en a point de plus noble ni de plus précieuse que la vie. C'est pourquoi la nature humaine, en vue de sa dépendance, étant obligée de rendre à Dieu le plus profond de tous les respects et la plus parfaite de toutes les offrandes, il est évident qu'elle devait se détruire et s'immoler elle-même pour reconnaître son néant, et que Dieu pouvait parfaitement exiger d'elle cette soumission.

Mais parce qu'il n'était pas convenable que tous les hommes fussent détruits, et qu'il fallait aussi que Dieu fût honoré selon son mérite, il était nécessaire que toute la nature humaine fût détruite et anéantie en un homme qui renfermât moralement en lui seul la personne de tous les hommes. Or, tout corps politique est moralement renfermé dans son chef; toute une famille, dans celui qui en est le père; toute une ville, dans celui qui en est le gouverneur; tout un État, dans celui qui en est le prince. C'est pourquoi le Fils de Dieu étant le chef, le père, le roi

et le gouverneur de tous les hommes, il devait être immolé pour le
corps de la nature humaine, qui
est moralement renfermée en lui.

Et voilà ce qui donne un prix
infini au sacrifice que nous offrons
tous les jours à Dieu; car c'est un
Dieu qui en est la victime, un
Dieu qui en est le prêtre et le sacrificateur, député à cet office par
le corps de la nature humaine,
qui l'a choisi solennellement, pour
offrir à Dieu ses hommages et ses
soumissions; et ce choix s'est fait
par le consentement que la sainte
Vierge donna à la proposition
de l'Ange; car elle représentait
toute la nature humaine, comme
en étant la plus noble et la plus
saine partie, ainsi qu'enseignent

saint Augustin et saint Thomas.

Il s'ensuit donc que, pour honorer Dieu d'une manière qui fût convenable à sa grandeur, ce n'était pas assez qu'un homme sacrifiât un Dieu ou qu'un Dieu sacrifiât un homme, mais il a fallu qu'un Dieu-Homme fût le prêtre et la victime, le sacrifice et le sacrificateur.

En effet, le sacrifice étant, comme j'ai dit, institué pour rendre à Dieu un culte souverain de la part de tous les hommes, et même de toutes les créatures, il a fallu que le sacrificateur en fût le chef, et que toutes les créatures fussent en quelque façon détruites en lui; car, si le sacrificateur eût été un pur homme, l'honneur qu'il eût rendu à Dieu n'eût pas été souverain, puisque l'homme n'est rien devant lui. Si la victime eût été une pure créature, tous les êtres créés n'eussent pas été détruits et immolés en elle, comme l'exige l'excellence de ce sacrifice. Mais quand le Fils de Dieu se sacrifie lui-même, il détruit, anéantit et sacrifie tous les hommes et tout le reste des créatures avec lui, parce qu'il en est le chef et le roi, qui les renferme tous moralement dans sa personne; et comme il est d'une dignité infinie, il rend à Dieu, son Père, un honneur infini.

C'est pourquoi, quand vous offrez à Dieu le saint sacrifice de la Messe, qui est celui de son Fils, vous lui rendez plus d'honneur

que si vous lui présentiez toutes
les créatures de la terre, que si
vous brûliez tout l'encens de l'Ara-
bie, que si vous immoliez sur
ses autels toutes les créatures de
l'univers, par la raison que tout
ce qui est créé n'approche point de
la dignité du Fils de Dieu. J'ajoute
que la réunion totale des hommes
honore plus Dieu en lui immolant
son chef que si elle s'immolait et
se détruisait elle-même, parce
qu'elle vaut davantage en son chef,
qui est d'un prix infini, qu'elle ne
peut valoir en elle-même; et parce
que ce chef ne rendrait pas à Dieu
le plus grand de tous les honneurs
s'il lui offrait quelque chose qui fût
moindre que lui, il s'ensuit que
Jésus-Christ nous a dû laisser son

corps et son sang en sacrifice,
pour honorer dignement la majesté de Dieu, et par conséquent
que c'est lui qui est la précieuse
victime que nous offrons tous les
jours sur nos autels.

Or, d'autant que son sacré Corps
est offert tous les jours à la Messe
pour les péchés des hommes et
pour les peines qui leur sont dues;
et que le propre effet de ce Sacrifice, comme enseignent les théologiens, est d'obtenir la grâce de
la pénitence à ceux qui y assistent
avec foi et respect intérieur et
extérieur : il ne faut pas croire
qu'il soit défendu à ceux qui sont
en péché d'y assister; beaucoup
moins pèchent-ils en y assistant
avec respect; ce sentiment serait

hérétique. Au contraire, parce
qu'ils sont dans de plus grandes
nécessités, et que c'est pour leurs
péchés qu'il est offert, s'ils veulent
faire pénitence et se convertir, ils
doivent y assister fréquemment.

C'est la doctrine du concile de
Trente, qu'il énonce en ces termes :
Le saint concile déclare que ce Sacrifice est véritablement propitia-
toire, et que si nous approchons
de Dieu avec un cœur sincère et
une foi droite, avec crainte et respect, contrits et pénitents, nous
obtenons par son moyen miséricorde, et nous trouvons grâce avec
les secours qui nous sont nécessaires ; car, *Dieu, Notre-Seigneur,*
apaisé par cette offrande, accorde
la grâce et le don de pénitence, et re-

met les crimes et les péchés, même les plus grands, à ceux pour lesquels il est offert.

Voilà comment le Fils de Dieu est sacrifié sur nos autels, voyons maintenant comment il est détruit.

§ II.

Pour comprendre cette merveille de la puissance et de la bonté de Dieu Notre-Seigneur, il faut remarquer qu'il y a bien de la différence entre une oblation et un sacrifice. Toute oblation n'est pas un sacrifice, mais tout sacrifice est une oblation. Pour offrir une chose à Dieu, il n'est pas nécessaire qu'elle soit détruite, ni même changée; c'est assez qu'elle lui soit présentée ou sur les autels, ou par les mains du prêtre; mais pour un sacrifice, il faut que l'offrande soit détruite et consumée. Ainsi le prêtre qui eût offert un agneau dans l'ancienne loi, et ne l'eût pas égorgé, n'eût pas sacrifié.

La raison c'est que le sacrifice étant la plus grande de toutes les soumissions, et le culte le plus religieux qu'on puisse rendre à Dieu, il demande aussi le plus grand de tous les anéantissements de la chose qui lui est offerte. C'est pour cela que le sacrifice d'Abraham ne fut pas consommé, parce que son fils ne fut pas immolé, comme enseigne l'Ange de la théologie.

En effet, un culte souverain ne consiste pas en des paroles, ni même en des humiliations extérieures les plus grandes et les plus profondes, parce que l'honneur consiste dans une certaine diminution, abaissement et abjection de celui qui honore devant la personne qui est honorée. Ainsi nous honorons les grands, en nous découvrant devant eux, pour montrer qu'ils sont tout en matière de grandeur, et que nous ne sommes rien auprès d'eux.

Les rois de la terre ne sont pas grands en tout, mais seulement en quelques choses, comme en puissance, en richesses et en dignité; c'est pour cela qu'on ne leur doit qu'une espèce d'abaissement, qui est une protestation de leur excellence au-dessus de leurs sujets. Mais Dieu, étant infini en tout, et l'être par essence, qui renferme en soi toutes les grandeurs, toutes les excellences et toutes les majestés possibles, il doit être honoré par la destruction de tous les êtres qui doivent tous s'anéantir devant lui, en reconnaissance qu'il est tout, et qu'ils ne sont rien en sa présence.

Car, comme remarque très-bien le cardinal Bellarmin, ce n'est pas assez pour honorer Dieu, que l'usage de nos biens lui soit offert, il lui en faut encore donner la substance, autrement l'offrande serait imparfaite. Ensuite nous devons lui sacrifier notre être et notre vie; et cela, non-seulement par une servitude volontaire, comme font les religieux, mais encore par un

anéantissement réel et substantiel,
comme est le martyre. C'est pourquoi, dans l'ancienne loi, si une
hostie était vivante, on l'égorgeait; si elle était inanimée, on la
brûlait; si liquide, on la répandait;
par la raison que la destruction est
de l'essence du sacrifice. Dieu donc,
étant le premier et plus grand de
tous les êtres, tous les autres doivent s'anéantir devant lui. Mais
parce qu'il ne serait plus honoré,
s'il n'y avait plus de créatures, il
a voulu choisir la plus noble de
toutes, qui est l'homme, pour être
détruit; et entre tous les hommes
Jésus-Christ qui en est le chef,
pour être parfaitement honoré par
l'anéantissement d'une personne si
considérable. C'est ce qu'il a fait

sur la croix, et ce qu'il fait continuellement sur nos autels ; car c'est
la même victime qui a été immolée sur la croix, et qui est immolée sur nos autels, quoique la
manière en soit différente, comme
parle le concile de Trente.

En voici la raison qu'apportent
les meilleurs théologiens : il était
nécessaire que Notre-Seigneur de-
meurât sur la terre pour être offert en sacrifice jusqu'à la fin du
monde, parce que la religion ne
peut être sans sacrifice, ni le sacrifice sans victime ; et qu'il n'y
avait que le Fils de Dieu qui pût
être la victime des hommes. Ainsi
toutes les victimes de l'ancienne
loi n'étaient que la figure de la
nôtre, et, pour ainsi parler, des

victimes substituées au Fils de Dieu,
lequel n'était pas encore homme,
et néanmoins était immolé dans
tous les sacrifices des animaux.
C'est pourquoi saint Paul l'appelle
la victime de tous les prêtres, et saint
Grégoire *l'hostie de propitiation pour
tous les hommes.*

Ce n'est donc pas le pain et le
vin qui sont la victime de notre
sacrifice; car pourquoi, dit Rupert,
l'Église ferait-elle tant de remerciements à Dieu pour du pain et du
vin? Le concile de Trente a défini
que la victime qui est offerte sur
nos autels est la même qui a été
offerte sur la croix. Toute la diffi-
culté est de savoir de quelle manière elle est détruite, puisque le
corps de Notre-Seigneur est impas-

sible et immortel. C'est ce qu'il
nous faut expliquer avant que de
finir cet entretien.

§ III.

Le mystère adorable de l'Eucharistie peut être considéré en
deux manières, ou comme un sacrement, ou comme un sacrifice;
comme un sacrement, il regarde
les hommes, qu'il nourrit et guérit; comme un sacrifice, il regarde
Dieu qu'il honore, qu'il remercie,
qu'il apaise, et qu'il rend favorable aux hommes. En quelque
état qu'on le considère, le Fils de
Dieu y est comme mort.

Premièrement, en qualité de Sacrement, parce qu'il y est en forme
d'aliment, qui doit être mort pour

nourrir; car la viande doit prendre sa forme, pour prendre celle de celui qui la mange : de là vient qu'on tue les animaux pour les manger. J'avoue que le Fils de Dieu ne peut plus mourir; mais nous étant donné en forme d'aliment, il est en état de mort; et c'est pour cela qu'il laisse son esprit à tous ceux qui le mangent, comme fait la nourriture corporelle. Mais parce qu'il est vivant il donne la mort à la vie sensuelle; car son propre effet est d'apaiser et d'éteindre le feu de la concupiscence, qui est le principe de la vie animale.

Non-seulement il est dans ce Sacrement en forme d'aliment, mais encore de pain, qui est une substance morte, dont il prend la place. Il se couvre de ses accidents qui sont, pour ainsi parler, les dépouilles d'un corps mort et sans vie ; ensuite il en a la forme et la figure. En un mot, il fait les fonctions de la substance inanimée du pain, soutenant miraculeusement les accidents qui la couvrent ; c'est pour cela qu'on peut dire qu'il est au saint Sacrement en état de mort.

Mais ce qui nous doit persuader cette vérité, c'est qu'il est tout entier sous la plus petite partie de l'hostie ; car il est évident qu'un corps réduit à l'espace d'un point ne peut naturellement exercer les fonctions de la vie. Il est donc comme mort en ce divin mystère, considéré comme Sacrement , mais principalement considéré comme sacrifice. C'est ici qu'il faut élever nos cœurs, pour connaître et admirer ce miracle de la sagesse, de la puissance et de la bonté de Dieu.

Je présuppose une vérité constante en théologie, que l'essence du sacrifice ne demande point que la victime soit entièrement consumée, et tout à fait anéantie ; autrement la mort du Fils de Dieu sur la croix ne serait pas un véritable sacrifice; c'est assez qu'elle soit détruite par un changement d'être substantiel, c'est-à-dire, ou par la perte de la vie, ou par la destruction de sa substance. Voyons maintenant comment le Fils de Dieu , qui est la victime de notre sacrifice, est détruit sur nos autels.

Dans les premiers sacrifices de la loi, principalement dans les holocaustes, le prêtre devait faire deux choses. Premièrement, il devait égorger la victime, puis il la devait mettre au feu pour être entièrement brûlée et consumée. C'est ce qui se passe au sacrifice non sanglant de la nouvelle loi, figuré par tous les sacrifices de l'ancienne : le Fils de Dieu est immolé, puis consumé.

Il y est immolé par les paroles de la consécration, qu'on peut appeler le glaive sacerdotal qui égorge la victime; car, en vertu de ces divines paroles : *Ceci est mon corps*, le corps de Jésus-Christ

est mis sous les espèces du pain;
et, en vertu de ces autres : *Ceci
est mon sang*, le sang du Fils de
Dieu est mis sous les espèces du
vin, par la raison que ces divines
paroles opèrent ce qu'elles signi-
fient. Ce n'est pas que le corps
soit séparé du sang, ni le sang
séparé du corps; car ils se trou-
vent l'un et l'autre sous chacune
des deux espèces par une liaison
naturelle qu'on appelle concomi-
tante, à cause qu'un corps vivant
et immortel ne peut être séparé de
son sang. Mais si la séparation s'en
pouvait faire, elle se ferait par les
paroles de la consécration, et le
Fils de Dieu mourrait tous les jours
sur nos autels, par la raison qu'un
corps ne peut vivre sans son sang,

et qu'en vertu des paroles sacramentelles, le corps est mis d'un côté et le sang de l'autre, ce qui est une séparation mystique.

Et voilà comme le Fils de Dieu est en ce sacrifice en forme de victime égorgée. C'est en cet état que saint Jean le vit dans son Apocalypse : Je vis, dit-il, au milieu du trône l'Agneau qui était comme égorgé, *tanquam occisum*. Il n'est pas égorgé, mais il est comme égorgé ; il n'est pas mort, mais il est comme mort. Il est égorgé sans plaie, il est immolé sans mort et sans destruction ; il est sacrifié sans effusion véritable de sang, parce qu'il est en forme de victime qui a été sacrifiée par les paroles du prêtre d'une manière non sanglante.

C'est ce que dit saint Augustin, en l'une de ses épitres : *Christus qui semel immolatus est in seipso, in Sacramento quotidie pro populis immolatur.* Jésus-Christ, qui a été immolé une fois en lui-même, est immolé tous les jours pour les peuples en ce sacrement. C'est aussi la réponse que fit saint André à son tyran, qui voulait l'obliger de sacrifier aux faux dieux : *J'immole, dit-il, tous les jours sur l'autel un Agneau sans tache, et cet agneau, qui est sacrifié, demeure entier et vivant après qu'on l'a mangé.* Comment est-ce que cet Agneau peut être sacrifié s'il demeure vivant, et comment est-il vivant s'il est sacrifié, puisque la mort et la destruction de la victime est de l'es-

sence du sacrifice? C'est qu'en
vertu des paroles sacramentelles,
il se fait une séparation mystique
qui mettrait le corps d'un côté et
le sang de l'autre, si ce corps pouvait mourir. Voilà la parfaite représentation du sacrifice de la
Croix, où tout le sang du Fils de
Dieu fut séparé de son corps. Voilà
la première mort mystique de
cette victime adorable.

Mais ce n'est pas assez que la
victime soit immolée, elle doit être
encore brûlée. C'est ce qui se passe
mystiquement sur nos autels; car,
par la communion du prêtre, qui
représente le feu du sacrifice, cette
divine hostie est brûlée et consumée, par la raison que Notre-Seigneur perd l'être qu'il avait sous

les espèces du pain et du vin, lors-
quelles sont détruites par la chaleur naturelle de l'estomac, par
conséquent par un changement
réel et sensible.

En effet, il faut remarquer, avec
le cardinal Bellarmin, que ce n'est
pas le pain seul qui est la victime
du sacrifice, ni le corps seul du
Fils de Dieu; mais son Corps et
son Sang unis aux espèces du pain
et du vin. Ainsi, quand ces espèces
sont détruites, la victime est censée véritablement détruite, et cela
de la plus grande de toutes les
destructions; parce que, de tous les
changements, il n'y en a point
de plus grand que celui qui se
fait par la nourriture; car, par la
chaleur naturelle, la viande est

détruite et entièrement changée en la personne de celui qui la mange : c'est pourquoi ce grand cardinal estime que c'est là proprement le feu du sacrifice dans lequel la victime de la nouvelle loi est consumée plus parfaitement que n'étaient les animaux de l'ancienne, dans le feu matériel qui les brûlait.

Un autre cardinal explique la mort mystique du Fils de Dieu sur nos autels, d'une autre manière qu'il estime plus exacte et plus sensible. Il dit donc, qu'encore que tout sacrifice demande une destruction, il n'est pas toutefois nécessaire qu'elle soit substantielle, c'est assez qu'elle soit, ou naturelle, ou humaine ; c'est-à-dire qu'en vertu de l'action du prêtre, qu'on appelle sacrificatrice, la victime soit mise en tel état, qu'elle soit censée détruite dans l'estime des hommes. Ainsi le vin anciennement était sacrifié lorsqu'il était répandu; car quoique la substance n'en fût pas réellement détruite, elle l'était néanmoins d'une façon humaine, parce qu'ensuite de cette effusion, il était censé inutile et perdu, ne pouvant plus servir à l'usage des hommes; ce qui suffit pour dire qu'il est détruit et consumé, quoique la substance ne le soit pas.

Et c'est, dit-il, en cette manière que le corps de Notre-Seigneur est consumé sur nos autels, car bien que, par la consécration, il ne soit pas détruit réellement et substan-

tiellement ; il l'est toutefois d'une
façon humaine, parce qu'il est
en forme de pain et de vin, et
qu'un corps en cet état n'est point
capable d'exercer les fonctions de
la vie, n'étant propre qu'à être
mangé. Et cela suffit pour être
censé détruit et sacrifié, car qu'une
chose qui n'était pas viande, devienne viande, et que ce qui ne se
pouvait manger se puisse manger,
et ne soit propre qu'à être mangé,
c'est un changement plus grand et
plus étonnant que tous ceux qui
pourraient intervenir en ce sacrifice.

Cette pensée est ingénieuse, mais
l'explication précédente est plus
commune et plus solide. Quoi qu'il
en soit, il est toujours vrai que le

Fils de Dieu meurt mystiquement sur nos autels, qu'il renouvelle tous les jours le sacrifice de la croix, et qu'il en applique le fruit à ceux qui y assistent et qui communient, comme déclare le saint concile de Trente.

Il n'était pas convenable qu'il mourût encore une fois sur le Calvaire, mais son amour n'était pas content de s'être sacrifié une fois pour nous; il a voulu mourir tous les jours, et se sacrifier de nouveau; et comme il ne pouvait plus perdre sa vie éternelle, il a trouvé le moyen de perdre une vie sacramentelle, et de mourir ainsi tous les jours, et à tous moments pour les hommes, jusqu'à la fin du monde. Il a fait de nos cœurs et de nos autels autant de Calvaires, où il offre à son Père un sacrifice d'amour, de justice, de reconnaissance, d'impétration et de propitiation ; et il peut dire plus justement que saint Paul, qu'il meurt tous les jours pour notre amour et pour notre gloire. *Quotidie morior pro vestra gloria.*

§ IV.

Ne devons-nous donc pas tous les jours mourir pour lui, en nous immolant et en nous sacrifiant à sa gloire? C'est la plus belle et la plus solide de toutes les dévotions. Pour bien entendre la Messe, il faut nous considérer comme hommes, comme pécheurs et comme chrétiens. En qualité d'hommes, nous devons honorer la majesté de Dieu par la destruction de notre être. En qualité de pécheurs, nous devons satisfaire à la justice de Dieu par la perte de notre vie. En qualité de chrétiens, nous devons reconnaître ses bontés par le sacrifice de tous nos biens. Et parce que nous sommes membres du Corps du Fils de Dieu, que les membres doivent être unis à leur chef, Jésus-Christ s'immolant et se sacrifiant tous les jours sur les autels, nous ne le reconnaissons pas pour notre chef, si nous ne nous immolons avec lui. N'est-il pas juste que nous mourions tous les jours, puisque nous péchons tous les jours.

Quand un homme dans l'ancienne loi offrait un sacrifice pour l'expiation de ses péchés il mettait ses mains sur la tête de la victime, pour deux raisons. La première, pour montrer qu'il méritait la mort, et que cette victime était immolée en sa place. La seconde, pour déclarer qu'il attendait un Messie, qui devait être le chef de tous les hommes, et le rédempteur de l'univers.

En effet, c'est le sentiment de tous les théologiens, qu'un homme mérite la mort pour un seul péché véniel qu'il a commis ; et c'est par là que Tostat justifie le commandement que Dieu fait à Abraham de lui sacrifier son fils ; car Isaac ayant péché véniellement, il est indubitable qu'il méritait la mort. Dieu donc, par sa bonté, avait substitué la vie des animaux à la vie de l'homme, ainsi un bélier fut sacrifié en la place d'Isaac. Ainsi toutes les victimes anciennes étaient des victimes subrogées et substituées à l'homme pécheur qui devait mourir.

Or, comme nous péchons tous les jours, et plus grièvement que les Juifs, parce que nous avons reçu de plus grandes grâces qu'eux, nous méritons plus justement la mort, et nous devons perdre la vie, à moins de trouver une victime qui soit agréable à Dieu, et qui soit immolée en notre place. Cette victime innocente est Jésus-Christ notre Seigneur, qui meurt tous les jours pour l'expiation de nos péchés. Dieu, pour sauver la vie d'Isaac, lui substitua un bélier; et pour sauver la vie à de misérables pécheurs, Dieu tous les jours leur substitue son Fils qui lui est immolé et sacrifié. Quelle bonté et quelle charité! Je demande donc encore une fois, puisque le Fils de Dieu meurt tous les jours pour nous, si nous ne devons pas mourir tous les jours pour lui? Et puisque notre chef s'immole, les membres ne doivent-ils pas s'immoler aussi? Avec quel respect, avec quel amour, avec quelle douleur, avec quelle reconnaissance devons-nous assister à ces divins mystères? Est-ce assez d'un enfer pour punir un chrétien qui rit et qui commet des irrévérences dans les Églises, pendant que le Fils de

Dieu meurt et se sacrifie pour lui ?

N'allons donc jamais à la Messe que pour mourir avec Jésus-Christ, et pour sacrifier à Dieu nos biens, notre honneur, notre santé, et notre vie, disant avec cet Apôtre : *Eamus et nos, ut moriamur cum illo.* Allons avec notre Maître, et mourons avec lui.

Disons avec les Anges du ciel : *Dignus est Agnus qui occisus est, accipere virtutem et divinitatem,* etc. O Agneau de Dieu ! qui avez été une fois immolé sur le Calvaire, et qui êtes encore tous les jours sacrifié sur nos autels, vous êtes digne de toute sorte d'honneur, de gloire, d'amour, de louange, de bénédiction, d'adoration, et de reconnaissance.

Oh! que j'ai de regret de vous voir si peu connu des hommes, si peu aimé des chrétiens, si mal traité des hérétiques, si méprisé des infidèles! Oh! si je pouvais réparer par mes humiliations tous les outrages qu'on fait à votre grandeur, et par mes dévotions, tous les mépris qu'on fait de votre amour! Pourquoi mourir pour des ingrats? que ne demeurez-vous dans le ciel, où vous êtes adoré de tous les esprits bienheureux? N'avez-vous point assez souffert, l'espace de trente-trois ans que vous avez été sur la terre, sans vouloir souffrir encore jusqu'à la fin du monde?

Oh! je veux me considérer désormais comme une victime qui n'est sur la terre que pour être immolée et sacrifiée. Je veux mourir à tous moments pour vous, puisque vous mourez à tous moments pour moi ; et quand j'assisterai à la messe, pour rendre votre sacrifice entier, j'unirai ma vie avec la vôtre, et je l'immolerai à la gloire de votre Père, auquel soit gloire et bénédiction dans tous les siècles. Ainsi soit-il.

XIIe ENTRETIEN.

La manière de bien dire et de bien entendre la Messe.

§ I.

Comme il n'y a point de culte sur la terre qui rende plus d'honneur à Dieu que le saint Sacrifice de la Messe, nous devons considérer cette action comme la plus importante de notre vie, et la faire avec toute la perfection qui nous est possible.

Si le prêtre connaît son état et la grandeur de son ministère, il ne s'approchera jamais des autels qu'avec une sainte horreur, et n'en sortira qu'avec reconnaissance infinie.

Le prêtre à l'autel est le médiateur de Dieu et des hommes; c'est
l'agent de la nature humaine et le
député de l'Église, choisi de tout
son corps pour traiter avec Dieu,
au nom de toutes les créatures;
pour lui rendre, de leur part,
leurs soumissions et leurs hommages; pour adorer sa grandeur,
pour le remercier de ses bienfaits,
pour apaiser sa justice, pour obtenir grâce à tous les pécheurs, et
pour demander les nécessités corporelles et spirituelles de tous les
hommes.

Ceux qui entendent la Messe se
doivent persuader qu'il y a deux
prêtres à l'autel, l'un visible et
l'autre invisible; l'un qui est le
principal, l'autre qui lui est su-

bordonné; l'un qui est Dieu et homme, l'autre qui est pur homme; ou plutôt ils doivent croire qu'il n'y a qu'un prêtre en chef, qui est Jésus-Christ, lequel s'immole lui-même et se sacrifie par les mains de son ministre. Car il est en ces divins mystères le prêtre et la victime; il sacrifie et il est sacrifié.

Comme l'instrument doit avoir la même fin que la cause principale, et que l'ambassadeur représente la personne de son maître, le prêtre étant l'agent de toute la nature, choisi par autorité publique pour reconnaître la grandeur souveraine de Dieu par ses humiliations, par ses abaissements, par sa mort, et par un entier anéantissement de lui-même; il ne doit monter à l'autel que pour se sacrifier avec Jésus-Christ, et s'il manque à ce devoir, il trahit les intentions de l'Église et de toute la nature humaine, qui l'a choisi pour cet effet, et il doit être puni comme un prévaricateur infidèle.

En effet, dans un parfait sacrifice, celui qui fait l'office de prêtre en doit être aussi la victime, par la raison qu'il représente le corps de l'Église, laquelle prétend, par cette action, s'anéantir elle-même devant son souverain, et se détruire avec la victime qui lui est substituée. C'est pourquoi le prêtre doit s'immoler lui-même, en qualité de chef de la république humaine, et protester, par sa destruction volontaire, qu'il n'y a que Dieu qui soit le principe et la fin de tous les êtres.

Il est vrai qu'il n'y a que le Fils de Dieu qui puisse, à proprement parler, être le prêtre et la victime, et posséder ces deux qualités en chef. Toutefois, comme l'homme qui est ordonné par l'Église fait une même chose avec Jésus-Christ, et en quelque manière une personne morale avec lui, si le prêtre n'est pas victime aussi, on peut dire qu'il manque quelque chose à la perfection de son sacrifice.

Il faut donc qu'allant à l'Autel il ne se considère plus comme un homme, mais comme Jésus-Christ même, qui va parler par sa bouche et s'immoler par ses mains.

Ensuite il ne doit faire aucune action de corps dont on ne puisse dire : Voilà une action de Jésus-Christ. En un mot, il doit célébrer d'une manière si grave, si modeste, si dévote, si respectueuse, que Dieu en soit honoré, les assistants édifiés, Jésus-Christ reconnu en la personne et en la modestie de son ministre.

Quoique avant de monter à l'Autel il doive diriger ses intentions et se rendre, autant qu'il peut, digne de faire une action si auguste, c'est néanmoins principalement en son *Memento* et avant de consacrer qu'il doit s'acquitter de son message et traiter avec Dieu, comme agent et député de la nature humaine, c'est-à-dire lui rendre ses adorations, le remercier de ses bienfaits, apaiser sa colère et implorer sa miséricorde. C'est là qu'il doit, comme Moïse, lier les mains à la justice ; c'est là qu'il doit connaître la grandeur infinie de ce premier être, et s'anéantir devant lui, comme fait le Fils de Dieu sur l'Autel ; c'est là qu'il lui doit représenter toutes les nécessités de son peuple, et se persuader qu'il obtiendra infailliblement ce qu'il demande s'il fait cette action avec le respect, l'attention et la dévotion convenables. Au reste, comme le prêtre représente la personne de Jésus-Christ, il doit monter à l'Autel, chargé comme lui des hommages, des remerciements, des nécessités et des péchés de

tous les hommes : de leurs hommages, qu'il doit rendre à Dieu ; de
leurs remerciements, qu'il doit
faire ; de leurs nécessités, qu'il doit
représenter ; de leurs péchés et de
leurs dettes, qu'il doit acquitter.

Si un péché véniel commis volontairement en célébrant, ou
avant que de célébrer, empêche
qu'on ne retire tous les fruits du
sacrifice, quel profit en pourraient
espérer ceux qui iraient brusque-
ment et inconsidérément à l'autel,
qui ne se prépareraient point à ces
divins mystères, qui ne garde-
raient point les règles prescrites par
l'Église, qui édifieraient mal les
assistants, et qui seraient détermi-
nés à n'y point employer le temps
qu'ils y doivent mettre ?

§ II.

Les laïques qui entendent la messe doivent se persuader qu'il n'y a point d'action en la vie qu'ils doivent faire avec plus de respect, d'attention et de dévotion que celle-là. Ils doivent regarder le prêtre comme la propre personne du Fils de Dieu, qui va représenter à son Père toutes leurs nécessités, et donner sa vie pour les délivrer de la mort temporelle et éternelle qu'ils ont méritée; et comme le Fils de Dieu prend leur place, meurt et s'immole pour eux, ils doivent mourir pour lui, comme nous avons dit.

J'avoue qu'il serait à désirer que tous ceux qui assistent à ces divins mystères fussent en la grâce de Dieu; mais il ne faut pas pour cela que ceux qui sont en péché croient qu'il leur est défendu d'y assister, beaucoup moins qu'ils commettent un péché en y assistant avec respect; ce sentiment, comme j'ai dit, serait hérétique. Au contraire, comme ils sont dans de plus grandes nécessités, et que c'est pour leurs péchés que ce sacrifice est offert, s'il veulent faire pénitence et se convertir, ils y doivent assister fréquemment.

Ils y a quantité de belles pratiques pour bien entendre la Messe. Vous vous servirez de celle-ci, si vous n'en trouvez pas de meilleure.

1. Allez à l'église, comme les

pasteurs à Bethléem, pour voir l'Enfant Jésus nouvellement né; ou comme la sainte Vierge au Calvaire, pour assister à sa mort, et pour l'offrir en sacrifice à Dieu, pour le salut de tout l'univers; ou comme les trois Apôtres à la montagne du Thabor, pour le voir transfiguré.

2. Au commencement de la Messe, considérez-vous comme un criminel qui veut recevoir sa grâce, et faites avec douleur, devant Dieu, la déclaration de vos péchés, en disant le *Confiteor* avec le prêtre.

3. Au *Gloria in excelsis,* entrez dans le sentiment des Anges, quand ils entonnèrent le divin cantique, et dans celui des apôtres qui l'ont

achevé. Louez, adorez, bénissez
Dieu avec le prêtre. Désirez que
son nom soit connu et sanctifié, et
que son royaume s'étende par toute
la terre. Invitez les Anges et les
Saints du paradis, et généralement
toutes les créatures, à le louer avec
vous. Cette invitation peut se faire
d'esprit, ou par des oraisons vocales, en récitant lentement le *Pater
noster*, le *Te Deum laudamus*, le
Benedicite omnia opera, etc.

4. Pendant que le prêtre récite
l'épître et l'évangile, si vous entendez les paroles, écoutez-les avec
attention. Si vous ne les entendez
pas, ou que vous soyez éloigné de
l'autel, priez Dieu qu'il éclaire
tous les infidèles de la lumière
de la foi, et qu'il ramène tous les

hérétiques à l'obéissance de l'église, récitant l'oraison, *Ecclesia sua*, etc., et les autres ordonnées pour ce sujet.

5. Au *Credo*, faites profession de foi, croyant un Dieu en trois personnes, le Père votre créateur, le Fils votre rédempteur, le Saint-Esprit votre sanctificateur; et désirez qu'il soit connu, servi, aimé et adoré de tout le monde.

6. A l'Offertoire, mettez votre corps, votre âme, votre esprit, votre cœur, vos biens, vos espérances, vos parents, vos amis, et généralement tous vos désirs sur la patène du prêtre. Présentez tout à Dieu, pour lui être immolé avec le Corps de son Fils unique en parfait holocauste, et en odeur de

suavité. Priez aussi Dieu de vous changer et de vous transformer en son Fils, comme le doit être le pain et le vin qu'on lui présente.

7. A la Préface, élevez votre cœur au ciel. Préparez-vous au sacrifice. Louez et remerciez Dieu avec l'Église, et chantez avec un respect infini le cantique des Anges : *Saint, saint, saint le Seigneur Dieu des armées ; le ciel et la terre sont remplis de sa gloire. Béni soit celui qui est venu, et qui doit venir au nom du Seigneur,* pour nous sauver.

8. Après le *Sanctus,* jusqu'à la consécration, il faut considérer le prêtre comme la personne de Jésus-Christ, médiateur entre Dieu et les hommes, qui traite de votre salut

et de votre réconciliation avec lui. Songez à sa passion, et divisez-la en sept parties', ou stations, pour les sept jours de la semaine, comme nous enseignerons à la fin de cette pratique.

9. A l'élévation de la sainte hostie, ne demeurez pas droit et immobile, mais adorez Notre-Seigneur de corps et d'esprit, vous inclinant doucement, et accompagnant cette inclination du respect le plus profond de votre âme. Regardez votre Sauveur entre les bras du prêtre, comme entre les bras de la croix, qui s'immole par un excès d'amour, et qui se sacrifie pour vous. La vue du serpent d'airain guérissait ceux qui étaient mordus des serpents, et la vue de notre

Rédempteur, qui avait en croix la figure d'un serpent, mais qui n'en avait pas le venin, guérit tous les pécheurs qui sont mordus du démon, pourvu qu'ils le regardent avec foi, espérance et douleur de leurs péchés.

10. Entre l'élévation du Corps et du Sang de Notre-Seigneur, demeurez dans le silence, dans le respect et la modestie intérieure, vous persuadant que c'est là le temps que la victime est immolée, que le sang, en vertu des paroles sacramentelles, est séparé du Corps, quoique l'un et l'autre demeurent réellement unis sous chacune des espèces; qu'ensuite le ciel s'ouvre, que les Anges en descendent avec le Seigneur, et que Dieu répand

un déluge de grâces dans le cœur de ceux qui sont disposés à les recevoir : grâces de sainteté pour les justes, grâces de pénitence pour les pécheurs. Enfin, c'est dans ce moment sacré qu'on obtient de Dieu tout ce qu'on lui demande, par la mort et par les souffrances de son Fils.

11. Après l'élévation, offrez à Dieu cette victime adorable, pour les quatre fins du sacrifice, et c'est ici la principale dévotion de la Messe.

1° Pour la gloire de Dieu, faisant des actes de foi qu'il est votre premier principe et votre dernière fin, votre père, votre roi, votre créateur, votre rédempteur, votre sanctificateur, etc. D'espérance, qu'il vous pardonnera tous vos péchés, en considération des mérites de son Fils, qui s'immole pour vous sur les autels, et qui offre son sang pour votre salut ; qu'il vous donnera son paradis, et qu'il vous assistera dans toutes vos nécessités spirituelles et corporelles. De charité, vous donnant vous-mêmes, et vous sacrifiant entière-ment à lui, pour accomplir les desseins qu'il a sur vous, quelque contraires qu'ils puissent être à vos inclinations, vous anéantissant avec son Fils, qui est votre chef, et dont vous êtes membre, et vous offrant à vivre et à mourir pour sa gloire. Voilà la première fin du sacrifice.

2° Vous remercierez Dieu de tous

les biens qu'il vous a faits, généraux et particuliers, corporels et spirituels, non-seulement à vous, mais encore aux Saints qui sont honorés ce jour-là dans l'Église, offrant le Corps et le Sang de Jésus-Christ à Dieu son Père, pour suppléer aux défauts de vos actions de grâces.

3° Présentez cette sainte Victime en sacrifice de propitiation, pour les péchés de tous les hommes, spécialement pour ceux que vous avez commis et fait commettre. Vous ne sauriez faire de pénitence qui puisse égaler la satisfaction que vous donnez à la justice de Dieu par ce grand et adorable sacrifice, qui est le même que celui du Calvaire.

Enfin, vous l'offrirez pour obtenir le remède à toutes vos nécessités corporelles et spirituelles, à vous et à votre prochain. Pour aider votre mémoire, vous pouvez appliquer toutes vos demandes à chacune de ses plaies en cette manière.

Regardez Jésus en croix et considérant sa tête ; priez pour la sainte Église, pour notre saint père le pape, et généralement pour tous vos supérieurs ecclésiastiques et séculiers.

A la main droite, priez pour tous vos parents, amis et bienfaiteurs.

A la gauche, priez pour les ennemis de l'Église et pour les vôtres en particulier, disant, avec Notre-

Seigneur en croix : *Mon père, pardonnez-leur, car ils ne savent ce qu'ils font.*

Au pied droit, priez pour vos inférieurs, vos domestiques, et généralement pour tous ceux qui dépendent de vous.

Au pied gauche, priez pour tous les fidèles qui sont en purgatoire, spécialement pour ceux que vous avez offensés et scandalisés, pour vos parents et amis, et pour ceux qui ont plus de besoin de vos prières.

Pour le côté, vous y entrerez; et vous trouvant dans le Cœur de Jésus, percé pour votre amour, vous lui donnerez le vôtre, et vous le prierez de le remplir de sa grâce et de son esprit. Ensuite, vous demanderez à Dieu dans le Cœur, et par le Cœur de son Fils, toutes vos nécessités corporelles et spirituelles, principalement la grâce de bien mourir, et vous accepterez la mort pour sa gloire, pour son amour et pour la satisfaction de vos péchés.

12. Cet entretien doit durer jusqu'à l'*Agnus Dei*, et alors il faudra vous préparer à la communion spirituelle. Désirez d'être digne de communier, pour participer plus abondamment à ce divin sacrifice, comme parle le concile de Trente. Demandez pardon à Dieu de vos péchés, puis recevez invisiblement la sainte Hostie de la main des Anges, qui l'ont donnée réellement et visiblement à quelques Saints.

Faites ensuite votre action de grâces, en vous entretenant avec Notre-Seigneur, comme si vous l'aviez reçu sacramentellement.

13. Les oraisons étant achevées, recevez la bénédiction du prêtre comme celle de Dieu même. Entendez le dernier évangile avec grande dévotion, principalement ces paroles sacrées : *Verbum caro factum est*, le Verbe s'est fait chair. Si vous avez communié, persuadez-vous que cette incarnation s'est renouvelée, que le Verbe s'est fait chair en vous, et qu'il veut demeurer avec vous.

14. La Messe étant finie, adorez et remerciez Notre-Seigneur ; retournez chez vous rempli de la grandeur de ce mystère, et réci-

tez en action de grâces le *Te Deum laudamus*, etc., ou le cantique de Zacharie, *Benedictus Dominus Deus Israel*, etc.

Le sacrifice de nos autels étant le même que celui de la croix, et le Fils de Dieu l'ayant institué en partie pour nous faire souvenir de sa passion, il ne faut jamais entendre la messe sans l'honorer et sans l'accompagner dans quelque station de ses souffrances. Voici comme vous les méditerez chaque jour de la semaine.

Le lundi, considérez le Fils de Dieu au jardin des Olives, où il sue le sang et l'eau; puis chez Anne et chez Caïphe, où il est souffleté et traité indignement. Demandez à Dieu, par les mérites de son Fils, la grâce de surmonter vos passions, et de souffrir toutes les injures qui vous seront faites.

Le mardi, considérez Jésus méprisé par Hérode, qui le traite comme un insensé ; et par Pilate, qui le compare à un voleur et à un meurtrier. Aimez l'abjection de vous-même, et ne vous fâchez point de l'élévation des autres au-dessus de vous.

Le mercredi, représentez - vous Notre - Seigneur flagellé et couronné d'épines. Vengez-vous sur votre corps des plaies qu'il a faites à votre Sauveur, et sur votre ambition des douleurs ignominieuses dont elle a couronné sa tête. Songez qu'il faut porter la couronne d'or après la couronne d'épines, ou la couronne d'épines après la couronne d'or.

Le jeudi, suivez Jésus portant sa croix, et portez la vôtre après lui. Si vous portez bien la vôtre, vous lui aiderez à porter la sienne. Étendez-vous sur l'autel, comme sur le calvaire, pour y être cloué et sacrifié le reste de vos jours en qualité de victime.

Le vendredi, entendez les sept dernières paroles de Jésus prononcées en croix, et prononcez-les avec lui. Après avoir recommandé à Dieu votre corps et votre âme, vos biens, votre réputation, votre santé, et tout ce que vous avez de plus cher, mourez spirituellement avec lui; et vivez ensuite comme un mort, sans soin et sans désir de toutes choses créées.

Le samedi, entrez dans le tombeau de Jésus, et ensevelissez-vous avec lui. Persuadez-vous que le monde est mort pour vous, et que vous êtes mort pour lui. Descendez aux limbes avec la sainte âme de Notre-Seigneur, pour tirer quelque âme du purgatoire. Ou bien entrez dans le cœur de la Vierge pour prendre part à sa douleur.

Le dimanche, considérez Jésus ressuscité avec ses plaies glorieuses; entrez dans son Cœur par la communion, et n'en sortez jamais.

Comme il n'est pas d'action plus sainte et qui vous soit plus avantageuse que l'assistance au saint

sacrifice de la Messe, regardez-le
comme la plus grande des faveurs
du Ciel, et n'y manquez jamais
par négligence ou indifférence.

PRIÈRE

A NOTRE-SEIGNEUR,

Qu'on peut dire devant le saint Sacrement quand il
est exposé.

Que j'aime, ô mon adorable Sauveur ! à vous voir ainsi exposé à la vénération publique, et sortir de vos tabernacles pour avoir lieu de nous combler de vos insignes faveurs ! Agréez donc que, pour entrer dans les desseins de votre miséricorde, je vous rende mes hommages les plus profonds. Quel respect, quelle crainte, quelles adorations demande de moi la présence de votre infinie Majesté ! Mais quelle reconnaissance, quelle assiduité, quel amour, quel empressement, quelle tendresse n'exige pas de moi cette admirable condescendance !

Aussi est-ce de toute l'étendue de mon âme que je vous consacre par devoir tout mon être comme à mon Dieu, et que, par inclination, je vous dévoue tout ce que je suis, comme au plus tendre, au plus fidèle, au plus généreux ami qui fut jamais. Prenez donc, je vous en conjure, possession de mon âme, et de toutes les facultés de mon corps et de tous ses sens, de ma volonté et de toutes ses affections. Que ma mémoire ne se remplisse plus que du souvenir de vos bienfaits ; que mon esprit n'ait rien de plus présent que l'image de vos perfections infinies ; que mon cœur ne s'occupe que des sentiments de votre amour. Que tout mon corps travaille pour votre gloire, et se consume heureusement à votre service.

Oh ! si je pouvais entraîner ici les

cœurs de tous les hommes, si je pouvais réparer dignement tous les outrages que vous recevez dans l'Eucharistie, de l'incrédulité des hérétiques, des irrévérences des mauvais chrétiens, de l'insensibilité des fidèles! si je pouvais fixer ici mon séjour, comme les Anges, sans jamais interrompre mes adorations! Ah! du moins, je ferai mon paradis sur la terre de vous tenir ici compagnie, comme vous faites vos délices de demeurer parmi nous. Je vous y contemplerai à la faveur des lumières de la foi; j'y viendrai souvent vous rendre mes respects et mes actions de grâces; j'y laisserai mon cœur, quand votre volonté m'appellera ailleurs; je m'y proposerai les éminentes vertus que vous y pratiquez; je m'y unirai d'affection avec ces saintes âmes qui, associées à l'adoration de votre adorable Sacrement, lui rendent jour et nuit un hommage perpétuel, et pendant que les Anges chantent continuellement dans le ciel : Saint, Saint est le Dieu d'Israël, je ne cesserai de faire retentir ces aimables paroles : *Loué soit à jamais le très-saint Sacrement de l'autel!* Divin Jésus, aimable Sauveur, accordez-moi la grâce de les prononcer avec toute la foi, tout le respect, tout l'amour dont je suis capable. Ainsi soit-il.

Hommage à l'Humanité sainte du Sauveur, lorsque le saint Sacrement est exposé.

Je vous adore, ô Humanité sacrée de mon Sauveur! cachée sous les espèces adorables de l'Eucharistie, formée du plus pur sang de la bienheureuse Vierge, animée de la plus sainte âme qui fut jamais, unie personnellement à la Divinité, le chef-d'œuvre du

Saint-Esprit, la demeure du Verbe, le trône du Père éternel, le trésor de l'Église, le centre de tous les esprits, la merveille du monde.

Je vous rends mille actions de grâces, ô Humanité sacrée de mon Sauveur! cachée sous les espèces adorables de l'Eucharistie; la source de ma rédemption, de ma vocation et de ma sanctification; la source de toutes les bonnes pensées, de tous les bons désirs, de toutes les bonnes œuvres; la source de tous les biens de la grâce et de tous les biens de la gloire.

O Humanité sacrée de mon Sauveur! cachée sous les espèces adorables de l'Eucharistie, pardonnez-moi mes infidélités, mes indévotions, mes immodesties, mes irrévérences; pardonnez-moi mes vanités, mes inquiétudes, mes découragements; pardonnez-moi mes impatiences, mes résistances à la grâce, l'oubli de Dieu et la perte du temps.

O Humanité sacrée de mon Sauveur ! cachée sous les espèces adorables de l'Eucharistie, accordez-moi le don de la sagesse, pour connaître, pour aimer et pour goûter les vérités éternelles ; le don d'intelligence, pour pénétrer dans vos mystères ; le don de science, pour me connaître moi-même et pour mépriser les vanités du monde ; le don de conseil, pour me conduire parmi les ténèbres et les périls de cette vie. Accordez-moi le don de force, pour vaincre les tentations de l'ennemi et les difficultés de la vertu ; le don de piété, pour aimer l'oraison et vous servir avec joie ; le don de crainte, pour fuir avec horreur tout ce qui peut vous déplaire. Accordez-moi le don des larmes, pour pleurer mes péchés ; l'esprit de pénitence, pour satisfaire à la jus-

tice divine; le don de persévérance,
pour vivre et mourir dans la grâce.

PRIÈRE

Au très-saint Sacrement.

Adorable Jésus, Fils unique du Père
céleste, Maître absolu de mon sort pour
le temps et pour l'éternité, je sais que
votre amour vous tient enfermé dans
ce tabernacle, que vous y êtes véritablement sous les espèces du pain, et
que vos Anges vous y adorent nuit et
jour avec le profond respect qu'ils doivent à leur Seigneur et à leur Dieu.

Oserai je, mon Sauveur, me joindre
à ces saintes intelligences? La vue de
mes misères ne doit-elle pas m'arrêter?
Et comment une âme souillée de tant

de péchés pourra-t-elle s'unir à ces Esprits purs pour vous adorer et pour vous bénir avec eux, ô Dieu de toute pureté? Non, Seigneur, il ne me convient point d'oser mêler les louanges d'une bouche et d'un cœur profane avec les saints hommages que ces bienheureux Esprits rendent à votre souveraine Majesté. Le seul parti que j'ai à prendre est de demeurer à vos pieds confus à la vue de ce que vous êtes et de ce que je suis. Vous êtes saint, vous êtes nécessairement saint, vous êtes infiniment saint. Je suis un pécheur, un très-grand pécheur, un très-inexcusable pécheur.

Vous n'êtes qu'amour, que charité, que bonté, et je ne connais en moi que froideur, qu'ingratitude, que malice. Non content, ô mon Jésus! d'être mort pour moi sur une Croix, vous êtes encore la victime de mes péchés; vous

vous immolez tous les jours pour les expier, et ces péchés qui vous ont causé tant de cruelles douleurs, et qui vous coûtent tant de sacrifices, me plaisent encore, je les renouvelle à chaque heure, et presque tous les instants de ma vie sont marqués par quelque nouvelle injure que je vous fais, à vous, Seigneur, pour qui je devrais sacrifier mille fois ma vie.

Ce Sacrement vous expose à recevoir à tous moments de sanglants outrages des infidèles, des hérétiques, des mauvais chrétiens ; votre amour n'en est pas rebuté ; vous les souffrez pour moi, pour un pécheur, pour une créature indigne du moindre de vos bienfaits, et je n'ai pas le courage de me faire pour vous une légère violence, de souffrir pour vous une petite humiliation.

Source inépuisable de tendresse et

de miséricorde, que dirai-je de vous, et comment exprimer ce que je sens en ce moment? O amour de mon Dieu ! amour ineffable ! amour incompréhensible ! que vous êtes peu connu au monde, que vous y êtes oublié ! Hélas ! que je vous ai peu connu moi-même ! que j'ai peu pensé à vous! que j'ai mal reconnu ce que je vous dois ! Ingratitude que je ne puis pleurer avec des larmes assez amères ! Que ne m'est-il permis, ô mon Sauveur! de la réparer par l'effusion de tout mon sang. Du moins, Seigneur, je prends à vos pieds la ferme résolution de consacrer à votre service ce qui me reste de vie. Si je n'ai pas le bonheur de la perdre pour vous, je veux l'employer à reconnaître vos bontés par une fidélité inviolable. Je renonce à tout ce qui peut vous déplaire, je vous consacre mon amour et toutes les affections de mon cœur. Je vous les consacre pour toujours et sans aucun retour. Ces sentiments, mon Dieu, ne me peuvent venir que de vous. Et j'espère en réitérer chaque jour en votre sainte présence la protestation avec une nouvelle ferveur.

Auguste Sacrement, Pain du ciel, divine nourriture de mon âme, fortifiez-moi dans ces saintes résolutions que vous m'inspirez ; dégoûtez-moi du monde, rendez-moi tous ses plaisirs insipides, changez pour moi toute leur douceur en amertume.

Soyez vous-même sur la terre toute ma joie et toutes mes délices, ma consolation dans mes peines, mon refuge dans mes tribulations, ma force dans mes combats, comme je souhaite que vous soyez à ma mort le sacré Viatique par qui j'espère obtenir la possession éternelle de mon Dieu. Ainsi soit-il.

PRIÈRE

Pour demander les bénédictions du très-saint
Sacrement.

Divin Sauveur de nos âmes, qui avez
bien voulu nous laisser votre précieux
sang dans le très-saint Sacrement de
l'autel, je vous y adore avec un profond respect, je vous remercie très-
humblement de toutes les grâces que
vous nous y faites; et comme vous y
êtes la source de toutes les bénédictions, je vous conjure de les répandre
aujourd'hui sur moi et sur ceux et
celles pour lesquels j'ai intention de
vous prier.

Mais afin que rien n'arrête le cours
de ces bénédictions, ôtez de mon cœur
tout ce qui vous déplaît, ô mon Dieu!

pardonnez-moi mes péchés, je les dé-
teste sincèrement pour l'amour de
vous ; purifiez mon cœur, sanctifiez
mon âme ; bénissez-moi, mon Dieu,
d'une bénédiction semblable à celle
que vous donnâtes à vos Disciples en
les quittant pour monter au ciel. Bénissez-moi d'une bénédiction qui me
change, qui me consacre et qui
m'unisse parfaitement à vous ; qui me
remplisse de votre esprit, et qui me
soit dès cette vie un gage assuré de la
bénédiction que vous préparez à vos
élus. Je vous la demande au nom du
Père, et du Fils, et du Saint-Esprit.

Amende honorable au très-saint Sacrement.

Dieu de gloire, Roi du ciel et de la
terre, à qui toute créature doit hommage, et devant qui les Anges mêmes
tremblent de respect, est-il possible
que vous ayez voulu exposer votre

Humanité sainte à tant d'insultes ? N'était-ce pas assez des opprobres dont elle fut rassasiée durant votre ignominieuse passion ? Fallait-il encore qu'elle eût à essuyer tant d'indignes traitements de la part de ceux mêmes pour lesquels vous l'avez sacrifiée ? Je ne sais ce qui doit m'étonner davantage, ou l'insolence et la témérité de ceux qui ont l'impiété de vous outrager de la sorte, ou votre continuelle patience à supporter leurs outrages. Je voudrais, si je le pouvais, effacer par mon sang ce crime, et l'expier aux dépens de ma vie. Dans l'impuissance de vous en faire une réparation suffisante, me voici du moins à vos pieds pour vous en faire amende honorable et vous en demander le pardon. Agneau de Dieu, venu pour effacer les péchés du monde, pardonnez les blasphèmes que l'hérésie a osé vomir contre votre divin Sacrement. Pardonnez tous les abus et toutes les profanations que l'impiété en a faites. Pardonnez l'indigne procédé de tant de chrétiens indévots qui vous délaissent, ou déshonorent votre présence par leurs scandaleuses irrévérences. Pardon des mauvaises communions et des immodesties dont je me suis moi-même rendu coupable. Oubliez-les, ou du moins ayez la bonté de m'en accorder l'amnistie, comme vous avez eu la patience de les supporter. Loin de m'en permettre à l'avenir de semblables, je réparerai les passées, je réparerai l'oubli où je vous ai longtemps laissé, par mon assiduité à venir chaque jour vous présenter mes hommages; mes immodesties précédentes, par mon recueillement et par mon profond respect en votre présence; mes froides communions, par le soin et l'attention que j'aurai à n'aller communier qu'après m'être mis de mon mieux dans la disposition convenable. Je m'opposerai, selon mon pouvoir, à la licence de ceux que je verrai déshonorer par de scandaleux déportements la sainteté de vos temples. Je ferai mon possible pour engager les personnes de ma connaissance à venir s'acquitter envers vous du tribut d'honneur qu'elles vous doivent. Heureux si je pouvais, par moi et par elles, vous procurer autant de gloire que vous avez souffert pour nous d'opprobres !

RÉPARATION

Des outrages faits au très-saint Sacrement.

PRIÈRE.

Adorable Jésus, Fils unique et consubstantiel du Père éternel, mon Seigneur et mon Dieu, voici à vos pieds un pécheur très-indigne de paraître devant vos autels, et qui mériterait d'être pour toujours exclu de votre saint temple. Aussi ne dois-je m'y présenter que la confusion sur le front et le cœur pénétré de la plus vive contrition ; car je sais, mon Dieu, et je ne puis me le dissimuler à moi-même, que je me suis rendu coupable devant vous de mille et mille honteux et abominables excès ; mais ceux dont je me dois souvenir avec plus d'horreur, et que je ne puis me pardonner, ce sont les irrévérences, les outrages et les profanations que vous avez soufferts de moi dans un sacrement si propre à m'inspirer pour vous et le respect le plus profond, et l'amour le plus ardent et le plus tendre. Car, mon Dieu, puisque l'unique moyen d'en obtenir le pardon est d'en faire un aveu humble et sincère, au lieu de ne me présenter devant vous qu'avec les intentions les plus pures et un vrai désir de vous glorifier, de vous apaiser, d'attirer sur moi vos miséricordes, n'ai-je pas eu la témérité d'entrer dans vos temples, et de paraître devant vos autels dans la seule vue de contenter ma vanité, ma curiosité, peut-être des passions encore plus criminelles, pour y être aux autres un sujet de scandale, et pour m'y perdre moi-même par mon irréligion? De quelles pensées mon esprit n'a-t-il pas été occupé dans un lieu et dans un temps où, vous immolant pour mon salut, vous deviez attendre de moi la reconnaissance la plus vive. Au lieu des louanges, des bénédictions et des actions de grâces, que tant d'amour et une charité si admirable et si constante méritait, je me suis abandonné non-seulement aux idées les plus extravagantes, mais encore aux plus criminelles. Partout ailleurs j'aurais dû les chasser avec horreur, et je n'ai pas eu honte de les entretenir sous les yeux infiniment purs de mon redoutable Juge. Ai-je toujours révéré vos saints mystères, ou par un silence religieux, ou par des prières ferventes? N'ai-je pas souvent contristé vos ministres et vos plus zélés serviteurs? N'ai-je pas déshonoré la religion par des postures indécentes, par une licence affreuse de tourner les yeux de tous côtés, de rire et de causer comme si j'avais été dans le lieu le plus profane ? N'ai-je pas tenu aux pieds de l'Agneau sans tache des discours infiniment opposés à la modestie chrétienne? Mais ces crimes, tout énormes et tout capables qu'ils sont d'attirer vos plus terribles vengeances, ne sont pas les plus horribles excès auxquels je me suis laissé emporter ; car que puis-je penser de ces communions faites, non-seulement sans piété et presque sans foi, et par conséquent sans fruit, mais encore dans des dispositions qui ne peuvent m'être que très-suspectes. La confession qui les a précédés a-t-elle toujours été entière, sincère, accompagnée d'une véritable contrition, et d'une résolution efficace de quitter et le péché et l'occasion prochaine du péché? N'ai-je pas eu plus d'une fois la témérité sacrilége de me présenter à la table de mon Dieu avec un cœur plein de haine ou d'attachement criminels? Abus dont la seule idée doit me faire frémir et glacer mon sang dans mes veines. Car, quelle profanation! Quelle monstrueuse alliance entre Jésus et Bélial! entre un cœur impur et la chair immaculée de votre adorable Fils! Quel baiser lui ai-je donné sinon un baiser de traître? Baiser semblable à celui du misérable Judas. Je suis coupable comme lui du corps et du sang de mon Dieu; comme ce perfide Apôtre, j'ai mangé mon jugement à la table de mon Maître.

O mon Dieu! si votre miséricorde infinie et votre divine parole ne ranimait ma confiance, ne m'assurait qu'il n'y a point de crime, si ce n'est l'impénitence finale, dont on ne doive espérer de vous le pardon, je me croirais perdu sans ressource, et je m'abandonnerais à un funeste désespoir; mais ce serait, ô mon Jésus! vous faire un nouvel outrage, et blesser encore plus sensiblement votre cœur infiniment bon. Je sais que comme votre chair immolée sur la croix a été une victime de propitiation pour les bourreaux mêmes qui l'y avaient attachée, après l'avoir déchirée cruellement; ainsi dans ce Sacrement d'amour vous êtes encore le médiateur de ceux qui vous y ont deshonoré par les plus sanglants outrages. C'est donc devant ce trône de la miséricorde que, prosterné humblement, je vous conjure d'apaiser la colère de votre Père, que je me suis attirée par mes profanations; de m'obtenir le pardon de tant d'iniquités. d'oublier vous-même ma

témérité, mon ingratitude et ma perfidie. Je suis prêt de verser jusqu'à la
dernière goutte de mon sang pour les
expier ; mais si je n'ai pas le bonheur
de mourir pour satisfaire à votre justice, ni de répandre mon sang pour
laver les souillures de mon âme, que
je verse au moins des torrents de larmes pour les effacer, et que j'emploie
ma vie à vous bénir, à vous glorifier,
à vous adorer caché et anéanti dans
cet adorable Sacrement, afin que par
sa vertu je mérite de vous voir dans
les splendeurs de votre gloire, et de
vous bénir éternellement dans le ciel.
Ainsi soit-il.

LITANIES

De la réparation faites au saint Sacrement.

Seigneur, ayez pitié de nous.

Jésus-Christ, ayez pitié de nous.

Jésus-Christ, exaucez-nous.

Jésus-Christ, exaucez-nous.

Père céleste, qui êtes Dieu, ayez pitié de nous.

Fils, Rédempteur du monde, qui êtes Dieu, ayez pitié de nous.

Esprit-Saint, qui êtes Dieu, ayez pitié de nous.

Sainte Trinité qui êtes un seul Dieu, ayez pitié de nous.

Hostie sainte, offerte pour le salut des pécheurs,

Hostie sainte, humiliée à l'autel pour nous et par nous,

Hostie sainte, méprisée par les mauvais chrétiens, ayez pitié de nous.

Hostie sainte, en butte à la contradiction,

Hostie sainte, livrée souvent aux Juifs et aux hérétiques,

Hostie sainte, outragée par les blasphémateurs,

Hostie sainte, pain des Anges, donné aux animaux,

Hostie sainte, jetée dans la boue,

Hostie sainte, déshonorée par les mauvais prêtres,

Hostie sainte, négligée et abandonnée dans les temples, ayez pitié de nous.

O Dieu! soyez-nous favorable, pardonnes-nous, Seigneur.

Soyez-nous favorable, exaucez-nous, Seigneur.

Pour l'abjection extrême d'un Sacrement si admirable, Seigneur, nous vous faisons réparation.

Pour les communions indignes, Seigneur, nous vous faisons réparation.

Pour les irrévérences des chrétiens, Seigneur, nous vous faisons réparation.

Pour les scandales des mauvais prêtres, Seigneur, nous vous faisons réparation.

Pour la profanation de vos sanctuaires, Seigneur, nous vous faisons réparation.

Pour les saints ciboires enlevés par force, Seigneur, nous vous faisons réparation.

Pour les blasphèmes continuels des impies, Seigneur, nous vous faisons réparation.

Pour l'opiniâtreté et la perfidie des hérétiques, Seigneur, nous vous faisons réparation.

Pour les discours infâmes tenus dans

vos saints temples, Seigneur, nous vous faisons réparation.

Pour les profanateurs de vos Églises, dont ils ont fait le lieu de leurs sacriléges, Seigneur, nous vous faisons réparation.

Seigneur, exaucez-nous.

Nous vous prions qu'il vous plaise augmenter dans tous les chrétiens le respect envers cet adorable mystère ; Seigneur, exaucez-nous.

Nous vous prions de manifester le Sacrement de votre amour aux hérétiques ; Seigneur, exaucez-nous.

Nous vous prions de nous accorder la grâce de vous aimer plus qu'ils ne vous haïssent ; Seigneur, exaucez-nous.

Nous vous prions que les injures de ceux qui vous outragent tombent sur nous ; Seigneur, exaucez-nous.

Nous vous prions de recevoir notre

réparation faite en esprit d'humilité ; Seigneur, exaucez-nous.

Nous vous prions que notre adoration
vous plaise ; Seigneur, exaucez-nous.

Hostie pure, exaucez-nous.

Hostie sainte, exaucez-nous

Hostie immaculée, exaucez-nous.

Agneau de Dieu, qui effacez les péchés
du monde, pardonnez-nous.

Agneau de Dieu, qui effacez les péchés
du monde, exaucez-nous.

Agneau de Dieu, qui effacez les péchés
du monde, ayez pitié de nous.

Seigneur, ayez pitié de nous.

Jésus-Christ, ayez pitié de nous.

℣. Voyez, Seigneur, notre affliction,

℟. Et rendez gloire à votre saint Nom.

℣. Seigneur, écoutez ma prière,

℟. Et que mes cris s'élèvent jusqu'à
vous.

ORAISON.

Seigneur Jésus-Christ, qui avez voulu demeurer avec nous dans votre Sacrement admirable jusqu'à la consommation des siècles, afin de rendre à votre Père, par la mémoire de votre Passion, une gloire éternelle, et de nous donner l'aliment de la vie immortelle ; accordez-nous la grâce de pleurer, avec un cœur rempli de douleur, tant d'injures que vous recevez dans cet adorable mystère, et tant de sacriléges qui sont commis par les impies, les hérétiques et les mauvais chrétiens ; embrasez-nous d'un zèle ardent pour réparer tous ces opprobres, auxquels vous avez mieux aimé vous exposer que de vous séparer des fidèles : vous qui vivez et régnez avec Dieu le Père, et avec le Saint Esprit en unité de nature, dans tous les siècles des siècles. Ainsi soit-il.

PARAPHRASE DU MISERERE.

Au sujet des profanations du saint Sacrement.

Prosterné humblement devant vous, j'implore, Seigneur, non-seulement votre miséricorde, mais votre grande et très-grande miséricorde ; car je ne demande pas le pardon d'une faute commune et ordinaire, mais d'un horrible sacrilége, de mille et mille irrévérences que j'ai commises au pied de vos autels, et de l'attentat que j'ai osé faire contre vous, en abusant du corps adorable de votre Fils.

2. Vos miséricordes, Seigneur, et les grâces qu'on en doit espérer, ne sont pas limitées comme celles qu'on peut attendre d'un homme mortel. Elles sont sans nombre, et on y trouve

un remède sûr et infaillible contre les maux qui seraient d'ailleurs incurables C'est donc sur elles que, m'appuyant uniquement, je vous conjure de me pardonner l'affreuse injustice que j'ai commise contre vous en vous traitant si indignement.

3. Peut-être, mon Dieu, que vous m'avez déjà accordé une grâce que je méritais si peu; mais l'idée de mon crime n'est pas encore effacée, mon âme paraît toujours souillée d'une tache si honteuse. Purifiez-la de plus en plus, Seigneur, lavez-la par la vertu infinie du Sang même que j'ai profané, et tirez de mon cœur, tout dur qu'il est, une source de larmes, qui, jointes à ce Sang divin, me rendent ma première pureté.

4. Car, mon Dieu, je ne me flatte point sur l'excès de ma malice. Je sais la différence qu'il y a entre vous offen-

ser par l'abus qu'on fait des biens créés, et le déicide abominable que commet celui qui communie indignement. Ce maudit péché m'est toujours présent, et la voix du sang divin que j'ai profané, me semble demander sans cesse vengeance contre moi.

5. Quelque criminel que je puisse être à l'égard des hommes, les injures que j'ai pû leur faire, que sont-elles en comparaison d'un outrage qui regarde directement mon Dieu, un Dieu dont la présence m'a si peu touché, que j'ai commis des irrévérences scandaleuses devant lui? Je ne puis assez me confondre dans la vue d'une si grande iniquité, afin que votre parole se vérifie en moi, et qu'autant que vous êtes un juge terrible pour un pécheur qui ose vous résister, vous jugiez miséricordieusement un coupable qui se condamne lui-même.

6. Hélas ! par quel endroit oserais-je me prétendre innocent devant vous, moi qui ne suis que péché, qui ai été formé d'un sang corrompu par le péché, et que ma mère a conçu dans le péché !

Car vous êtes le Dieu de vérité, vous voulez qu'on ne s'en écarte jamais, et qu'on aime mieux se condamner par un aveu sincère, que de s'excuser par un mensonge ; je l'ai appris de votre loi, dont vous m'avez, malgré mon indignité, découvert les mystères les plus cachés.

7. Touché de cet aveu humiliant que j'ai fait, vous répandrez sur moi une eau bien plus salutaire que celle dont on se servait dans l'ancienne loi pour purifier les Israélites. Cette eau vivifiante sera celle de votre grâce ; par elle mon âme, noircie de tant de crimes, deviendra plus blanche et plus pure que la neige même.

8. Cette douce parole (vos irrévérences et vos profanations vous sont pardonnées) frappera agréablement mon oreille, et mes os, accablés sous le poids de mes iniquités, en seront déchargés et tressailliront de joie.

9. Seigneur, par cette victime adorable devant laquelle je suis prosterné, je vous conjure d'oublier les injures que je lui ai faites; détournez-en vos yeux ; ne regardez que les mérites et la charité de mon Sauveur: en vue du Sang qu'il a répandu pour moi, effacez toutes mes iniquités.

10. Détruisez en moi ce cœur perfide et ingrat, cet esprit faux et qui a oublié le respect et l'amour qu'il devait à son Sauveur; et par un miracle plus grand que celui de la création, mettez en leur place, sans aucun mérite de ma part, un cœur pur et un esprit droit.

11. J'ai mérité, Seigneur, que

vous rejettiez pour toujours avec horreur, et que votre divin esprit n'habitât jamais dans une créature si mauvaise; mais usez de miséricorde, daignez encore me regarder favorablement; ne m'ôtez pas cet esprit sanctificateur, sans qui je ne puis que me perdre malheureusement.

12. Depuis que j'ai abusé d'un Sacrement qui est pour les âmes pures une source inépuisable de chastes délices, je ne les ai plus goûtées, et j'ai vécu dans une affreuse sécheresse; je n'ai trouvé en moi que faiblesse et que lâcheté. Rendez-moi, mon Dieu, par pure miséricorde, ce que vous m'avez ôté justement; faites que je retrouve la douceur qu'il y a d'être uni à son Sauveur; et que mon âme, soutenue par la force invincible de votre esprit, résiste à toutes les attaques de ses ennemis.

13. A quoi, mon Dieu, ne m'obligera pas une si grande faveur, et que ne ferai-je pas pour la reconnaître? Certain, par ma propre expérience, que rien n'est comparable au bonheur de s'attacher à vous et à votre loi, j'en instruirai les pécheurs, et pour réparer le tort que je vous ai fait en portant les autres au péché, et par ma mauvaise conduite, et par des discours pernicieux, je tâcherai d'être si édifiant dans mes mœurs et dans mes conversations, si recueilli et si modeste dans vos temples, que les libertins, touchés de mon changement, détesteront leur impiété, et se convertiront à vous.

14. Délivrez-moi, Seigneur, du poids effroyable de mes péchés; mais surtout de mes profanations et de l'abus criminel que j'ai fait du Corps et du Sang de votre Fils, et du scandale que j'ai

donné jusqu'au pied de vos autels par
mes immodesties et par mes irrévérences ; scandale qui a peut-être fait
périr bien des âmes. Si j'obtiens de
vous cette grâce, avec quelle joie ma
langue ne louera-t-elle pas vos adorables perfections ?

15. Lorsque ma conscience me
reproche que je ne suis devant vous
qu'un exécrable pécheur, je n'ose presque ouvrir la bouche pour vous glorifier. Il me semble que j'en suis indigne
et que des louanges qui partent d'une
bouche sacrilége et impie ne peuvent
vous être que désagréables ; mais en
me pardonnant vous me rendez la
douce liberté de vous bénir, et ma
langue, déliée par vous, éclatera en
actions de grâces.

16. C'est, mon Dieu, un sacrifice que
je vous dois. Quand, pour l'expiation
de mes crimes, vous me demanderiez

celui de mes biens, de ma liberté et de ma vie, ce n'en serait pas trop ; mais maintenant que nous ne sommes plus au temps des sacrifices sanglants, qu'on offrait autrefois sur vos autels, ce que vous exigez de nous est le sacrifice du cœur.

17. C'est qu'immolant à votre gloire nos inclinations vicieuses, nous nous présentions à vous avec un cœur humilié, confus, pénétré de douleur. Un tel sacrifice ne peut manquer d'être accueilli de vous ; jamais vous ne le rejetterez. C'est, mon Dieu, le sacrifice que je veux vous offrir chaque jour au pied de vos autels ; je déplorerai amèrement les fautes que j'y ai commises.

18. Seigneur, votre Église est la nouvelle Sion où vous habitez ; regardez-la toujours d'un œil favorable, donnez-lui continuellement de nou-

velles marques de vos bontés et de votre protection ; que cette sainte Jérusalem s'affermisse , s'étende et se peuple de plus en plus.

19. C'est là, mon Dieu , qu'on vous offre un sacrifice digne de vous, un sacrifice dont la vertu vivifiante satisfait à votre justice , attire vos miséricordes, et sanctifie les pécheurs. C'est là que l'Agneau sans tache , le digne objet de vos complaisances , vous est immolé au lieu des victimes sanglantes dont on chargeait vos autels. Donnez-moi , mon Dieu , et à tous vos fidèles, la grâce de n'y assister jamais qu'avec une religieuse frayeur , et les plus vifs sentiments de respect , de confiance et d'amour.

Gloire au Père , au Fils, au Saint-Esprit , à présent et toujours , et dans la suite de tous les siècles Ainsi soit-il.

Amende honorable solennelle au sacré Cœur de Jésus.

O Cœur sacré de Jésus, notre Dieu et notre Sauveur! humblement prosternés devant vous, et pleins de la foi en votre présence réelle dans cette sainte hostie, nous vous faisons une amende honorable solennelle de tous les outrages que vous font les hommes dans ce Sacrement de votre amour.

Adorable Sauveur, vous nous présentez ici ce Cœur divin encore tout brûlant de cet amour, et plein de cette miséricordieuse charité qui vous a immolé pour nous. Oui, nous le croyons, c'est ce même Cœur qui a ressenti si vivement nos misères, qui a été si cruellement affligé pour nos péchés, et qui a tant soupiré pour notre bonheur. O divin Sauveur! que nous vous avons coûté cher! A quel prix, par quels travaux, par quelles excessives souffrances vous avez racheté nos âmes!

Ah! du moins, si les hommes étaient reconnaissants d'une si immense charité! Mais les ingrats! ils ne cessent de renouveler les horreurs que vous avez essuyées sur le Calvaire. Chaque jour ils déchirent par de nouvelles plaies ce divin Cœur que vous avez laissé dans ce Sacrement pour être à jamais notre médiateur, notre nourriture et notre victime. Une partie du monde chrétien tombe dans l'hérésie, nie votre présence réelle dans cet auguste mystère; eh! qui pourrait se rappeler, sans être saisi d'une sainte horreur, tous les attentats que ces hommes aveugles ont commis contre votre Corps sacré! vos temples renversés, vos autels abattus, vos ministres égorgés; et, ô abomination de la dé-

solation ! les hosties saintes elles-
mêmes arrachées indignement des sacrés tabernacles, et criminellement
foulées aux pieds ! voilà les excès des
hérétiques contre le Sacrement de
votre amour.

O Jésus ! c'est pour nous en particulier que vous avez reçu ces outrages
sanglants. Vous les prévoyiez en insti-
tuant cet adorable mystère, et cependant pour l'amour de nous vous vous
y êtes volontairement exposé. Du
moins de notre part ne deviez-vous
pas vous attendre aux sentiments d'une
vive et amoureuse reconnaissance ?
Mais hélas ! n'est-ce pas de notre part
même que vous recevez des outrages
encore plus sensibles ? Ah ! vos enfants
semblent s'unir de concert avec vos
ennemis pour combler la mesure de
leurs crimes et de votre douleur....
Irrévérences dans le lieu saint, insen-

sibilité pour le plus ineffable de tous les bienfaits, profanation du plus saint de tous les mystères, communions sacriléges, où des âmes indignes renouvellent l'attentat de l'infâme Judas, et vous crucifient de nouveau dans leurs cœurs! voilà les crimes des catholiques.

O amour! amour outragé par ceux mêmes qui se disent vos adorateurs et vos amis! que pourrons-nous faire pour réparer de si horribles indignités? que n'avons-nous des larmes de sang pour les pleurer? Du moins, adorable Jésus, acceptez, avec nos cœurs brisés de douleur, tout ce que nous ferons désormais, comme autant d'actes de réparation, d'expiation, d'amende honorable et de sacrifice continuel à votre Cœur outragé.

Nous vous rendrons de fréquentes visites, pour réparer l'abandon où

l'on vous laisse; nous ne paraîtrons
devant vous que dans un profond
anéantissement, pour réparer les irrévérences, le manque de respect avec
lequel on paraît souvent en votre divine présence; nous nous tiendrons
toujours à vos pieds dans des sentiments de foi, d'humilité, de vénération, d'un saint tremblement, pour
réparer les scandales et les impiétés
qui se commettent dans votre sainte
maison; mais surtout pour réparer les
abus et les profanations abominables
qu'on fait de votre Corps sacré et de
votre précieux Sang, nous nous effor-
cerons de faire toujours des communions saintes, ferventes, animées de
la foi la plus vive, de l'humilité la
plus profonde et de l'amour le plus
ardent.

Mais, hélas! tout ce que nous pouvons faire, ô Cœur adorable! tout ce

que nous pouvons vous offrir n'est rien auprès de ce que vous méritez, et de ce que nous voudrions vous offrir. Unissez-vous donc à nous, intelligences célestes, saints du ciel, justes de la terre, et vous surtout, auguste Marie, seule capable d'honorer dignement le Cœur de votre divin Fils; unissez-vous à nous pour offrir à ce Dieu offensé, à ce Cœur outragé, des hommages purs, des réparations dignes de lui. Adorons ensemble le Dieu saint et tout-puissant sur le trône de son amour; mais pleurons, gémissons, fondons en larmes sur les outrages qu'il reçoit, et sur l'ingratitude des hommes pour un Cœur qui les a tant aimés.

Ah! Seigneur, qu'en ce jour votre miséricorde, touchée de nos larmes, arrête le bras de votre justice. Écoutez nos cris, soyez sensible à nos malheurs, faites-les cesser. Ouvrez-nous votre Cœur, recevez les nôtres, nous vous les consacrons tous. O divin médiateur! réconciliez-nous avec votre Père, rendez-nous ses miséricordes. Que tous nos associés aient particulièrement part à votre clémence. Unis tous de cœur et d'esprit, nous disons avec un véritable amour, et nous redirons sans cesse :

O Cœur sacré de Jésus! soyez connu, loué, aimé et adoré par toutes les créatures, dans tout l'univers, maintenant et dans tous les siècles des siècles! Ainsi soit-il.

Consécration au sacré Cœur de Jésus.

Adorable Jésus, à quel excès vous m'avez aimé! Pour me rendre semblable à vous, vous vous êtes fait homme semblable à moi. Pour me sauver de la mort éternelle et de l'enfer, vous vous êtes livré à la mort et à la mort de la croix. Pour me mettre à l'abri de la justice de votre Père, vous avez permis que la lance m'ouvrît votre sacré Cœur. Enfin, par le plus ineffable des prodiges, chaque jour vous devenez ma victime sur l'autel et ma nourriture dans la sainte communion. O excès d'amour! ô excès de tendresse! et pour tant d'amour et de bienfaits qu'exigez-vous de moi, mon Dieu?

Vous me demandez mon cœur. Ne vous est-il pas dû, Cœur adorable? et oserais-je vous le refuser?

O Dieu de mon cœur! pour vous l'offrir, ce cœur, me voici prosterné à vos pieds, à la face du ciel et de la terre, que je prends à témoin de mon engagement.

Dieu de bonté, voici le cœur le plus

coupable, le plus indigne de tous les cœurs, que je viens vous offrir. puisque vous voulez encore l'agréer. Le voilà au pied de votre croix, tout inondé de vos grâces, tout arrosé de vos larmes et de votre sang. Toute ma peine est de vous l'offrir si peu digne de vous, couvert de tant de blessures, profané par tant de passions, souillé de tant de péchés.

Je vous offre mon cœur, ô Jésus ! et je vous l'offre dans toute son étendue ; je vous consacre tous ses sentiments, toutes ses affections et tous ses désirs. Je vous le donne sans retour, sans réserve ; et peu content de vous donner tout mon cœur, ô mon Dieu ! que n'ai-je les cœurs de tous les hommes pour vous les offrir ! que n'ai-je les ardeurs, les transports de tous les Anges, de tous les Bienheureux pour vous les consacrer ! Je n'ai qu'un cœur, ô mon Dieu ! du moins sera-t-il à vous, et à vous seul. Le monde et les créatures n'y auront plus de part. Trop longtemps elles l'ont séduit, elles l'ont égaré. Vous seul serez mon partage, vous seul serez mon Dieu et le Dieu de mon cœur. Hélas! si vous m'aviez traité selon la rigueur de votre justice, actuellement ce cœur serait dévoré, consumé par le feu de l'enfer. Et vous voulez qu'il brûle encore du feu céleste de votre amour ! vous voulez bien encore lui donner une place dans votre Cœur !

Recevez-le donc ce cœur, ô mon Dieu ! ou plutôt prenez-le vous même; changez-le et rendez-le digne de vous. Changez mon cœur et donnez-moi le vôtre, divin Jésus ! Donnez-moi un cœur reconnaissant de vos dons, pénitent et contrit de ses péchés, fidèle à vos grâces, résigné à vos volontés adorables, rempli, animé, embrasé de votre amour : prenez le ce cœur ; mais une fois que vous en aurez pris possession, gardez-le, Seigneur, conservez-le à jamais. Souvent je vous l'ai donné, souvent je l'ai malheureusement repris, ou le monde vous l'a arraché. Conservez-le à jamais, cachez-le dans votre propre Cœur. Qu'en ce jour, qu'en toute ma vie, qu'à ma mort, que toute l'éternité il soit occupé à vous aimer, à vous louer, à vous bénir. Ainsi soit-il.

ACTE D'HOMMAGE

Envers le divin Cœur de Jésus.

Cœur adorable de Jésus, ma paix et ma réconciliation auprès du Père céleste, daignez appliquer à nos âmes le prix du sang qui nous a rachetés. Je

vous abandonne, ô mon divin Médiateur, tous mes intérêts, et je me livre
entièrement à ceux de votre gloire.
Pénétré de douleur en voyant votre
amour méprisé, je veux selon mon
pouvoir réparer un si grand outrage.
Hélas ! je n'ai pour cela qu'un cœur à
vous offrir ; lui même a été ingrat ;
mais aujourd'hui du moins il ne veut
plus l'être. Contrit et humilié je vous
l'offre en sacrifice. Seigneur, vous ne
le rejetterez pas. Agréez-en l'hommage,
et agréez en même temps l'amende
honorable qu'il vous fait pour tant
d'impies, et de lâches chrétiens qui
vous offensent si grièvement dans le
mystère le plus étonnant de votre
amour. Ah ! que n'ai-je en ma disposition les cœurs de tous les hommes,
afin de vous les présenter avec le mien,
embrasés d'un amour tendre, généreux, fidèle et reconnaissant. Pour

suppléer à l'ingratitude et à l'oubli des pécheurs, je m'unis à tant d'âmes saintes qui vous adorent, et qui, dans la suite des années, vous adoreront en vérité sur vos autels. Par elles je prétends perpétuer et éterniser en quelque sorte mes hommages et mon amour, et vous dire sans cesse : Nous vous saluons, ô Cœur très-saint et très-pur, Cœur admirable dans vos vertus et dans vos perfections infinies. O Cœur de Jésus, tout brûlant d'amour, nous vous adorons, nous vous louons, nous vous glorifions, nous vous rendons grâces de tous vos bienfaits ; nous vous aimons de tout notre cœur, de toute notre âme, de toutes nos forces ; nous vous offrons notre cœur, nous vous le donnons, nous vous le consacrons, nous vous l'immolons. Daignez le recevoir et le posséder tout entier ; purifiez le, éclairez-le, sanctifiez-le, afin

que vous y viviez et régniez maintenant et toujours, et dans tous les siècles des siècles. Ainsi soit il.

O vere adorator et immense Dei amator,
miserere nobis.

COMMUNION SPIRITUELLE.

1. Durant les visites au saint Sacrement, il sera très-opportun de faire la
communion spirituelle tant recom-
mandée par le concile de Trente. Voici
sur ce point la doctrine du catéchisme
de ce saint concile : Ceux-là sont dits
ne recevoir qu'en esprit la sainte Eucharistie, qui, embrasés d'une foi vive
opérant par la charité, désirent se
nourrir de ce pain céleste : s'ils ne retirent de cette communion tous les

fruits de la communion sacramentelle ceux qu'ils en retirent sont assurément très-grands.

2. La communion spirituelle, dit saint Thomas, consiste dans un ardent désir de recevoir notre Seigneur Jésus-Christ dans le saint Sacrement et de s'unir à lui. De même, ajoute-t-il, qu'il est des hommes baptisés du baptême de désir, à cause de leur désir du baptême, avant qu'ils eussent été baptisés du baptême d'eau, de même il en est qui se nourrissent spirituellement du corps de Notre-Seigneur avant de le recevoir sous les espèces sacramentelles.

3. Notre-Seigneur apprit lui-même à sainte Catherine de Sienne combien ces communions lui étaient agréables : lui présentant deux vases précieux, l'un en or, l'autre en argent, il lui dit que le premier renfermait ses commu-

nions sacramentelles, le second ses communions spirituelles.

A la bienheureuse Jeanne de la Croix, il fit connaître que, chaque fois qu'elle communiait spirituellement, elle recevait une grâce en quelque sorte semblable à celle qu'elle aurait reçue en communiant sacramentellement.

La bienheureuse Angélique de la Croix disait : « Si mon confesseur ne m'eût pas appris à communier ainsi plusieurs fois le jour, il me semble que je n'aurais pu vivre. »

4. La communion spirituelle peut se faire en tout lieu, à toute heure ; en voici quelques formules :

Qui me donnera, Seigneur, de vous trouver seul, de vous ouvrir tout mon cœur, et de jouir de vous, selon les désirs de mon âme : que plus jamais personne ne me regarde, qu'aucune créature ne m'émeuve, mais que vous seul vous me parliez, et que moi je vous parle comme un ami s'entretient avec son ami. C'est mon désir, c'est ma prière, que je détache mon cœur de toutes les choses créées et que je sois uni tout entier à vous... Oh! Seigneur mon Dieu, quand donc serai-je tout entier uni à vous, perdu en vous, que je me serai totalement oublié? Soyez en moi, et que moi je sois en vous; accordez-moi que nous ne fassions plus qu'un ensemble.

Mon Seigneur Jésus-Christ, je crois que vous êtes véritablement présent dans le saint Sacrement. Je vous aime et vous désire; venez en mon âme. Je m'attache à vous, et vous prie de ne point permettre que je me sépare jamais de vous... Ou bien, plus brièvement : Mon Seigneur Jésus-Christ,

venez en moi ; je vous désire et je
m'attache à vous ; demeurons toujours
unis... Ou bien :

Jésus, tout mon amour, Jésus, tout
    mon bonheur,
De votre feu céleste embrasez tout mon
    cœur.

En récitant la prière suivante, arrê-
tons-nous successivement, aussi longtemps que nous y trouverons goût et
dévotion, aux mots qui la composent.

Ame de mon Jésus, sanctifiez-moi.
Corps de mon Jésus, sauvez-moi.
Sang de mon Jésus, enivrez-moi.
Eau qui sortîtes du côté de mon Jésus,
    lavez-moi.
Passion de mon Jésus, fortifiez-moi.
Mon bon Jésus, exaucez-moi ;
Cachez moi dans vos plaies ;
Ne permettez pas que je me sépare
    jamais de vous.

Défendez-moi contre l'ennemi qui veut
    me perdre.
A l'heure de ma mort appelez-moi
Et dites-moi de venir à vous,
Afin que je vous glorifie avec vos saints
Dans les siècles des siècles. Ainsi soit-il.

« Prenez, Seigneur, et recevez toute
ma liberté, ma mémoire, mon intelligence, et toute ma volonté, tout ce
que j'ai et tout ce que je possède :
c'est vous qui m'avez donné tout cela,
c'est à vous, Seigneur, que je le rends :
toutes choses sont à vous, disposez-en
selon toute votre volonté. Donnez-moi
votre amour et votre grâce, car cela
me suffit. »

S. IGNACE.

PRIÈRE

De saint Augustin.

Seigneur Jésus, que je vous connaisse,
  que je me connaisse.
Que je ne désire que vous.
Que je me haïsse et que je vous aime.
Que je fasse pour vous tout ce que je
  fais.
Que je m'abaisse et que je vous exalte.
Que je ne pense qu'à vous.
Que je me mortifie et que je vive en
  vous.
Que j'accepte de votre main tout ce
  qui m'arrive.
Que je me persécute et que je vous
  suive.
Que toujours je désire de vous suivre.
Que je me fuie, que je me réfugie en
  vous.

Que je sois digne d'être protégé par
  vous.

Que je me craigne, que je vous craigne.

Que je sois un de vos élus.

Que je me défie de moi, que je me
  confie en vous.

Que je veuille obéir pour vous.

Regardez-moi afin que je vous voie.

Appelez-moi afin que je vous aime,

Et qu'éternellement je jouisse de vous.

Ainsi soit il.

PRIÈRE

Pour gagner l'indulgence plénière.

O bon et très-doux Jésus! je me
prosterne à genoux en votre présence,
et je vous prie et je vous conjure, avec
toute la ferveur de mon âme, de dai-
gner graver dans mon cœur de vifs
sentiments de foi, d'espérance et de

charité, un vrai repentir de mes égarements et une volonté très-ferme de m'en corriger, pendant que je considère en moi-même et que je contemple en esprit vos sacrées plaies, avec une grande affection et une grande douleur, ayant devant les yeux ces paroles prophétiques que disait déjà de vous le saint roi David : *Ils ont percé mes mains et mes pieds, ils ont compté tous mes os.*

Indulgence plénière et la délivrance d'une âme du purgatoire, à ceux qui s'étant confessés et ayant communié, réciteront cette prière devant une image de Jésus crucifié.

Léon XII. 1825. — Pie VII. 1821.

Père éternel, je vous offre le très-précieux Sang de Jésus-Christ en expiation de mes péchés et pour les besoins de la sainte Église.

100 jours d'indulgence chaque fois. Pie VII. 1817.

Louanges et actions de grâces continuelles au très-saint et très-divin Sacrement de l'autel.

100 jours d'indulgence une fois le jour : trois fois le jeudi, et les jours dans l'octave du saint Sacrement ; plénière une fois par mois pour ceux qui l'auront récitée tous les jours ; applicable aux défunts. Pie VI. 1776.

Nous avons extrait ces pages sur la communion spirituelle de l'appendice sur les principales dévotions attachée à la *Direction pour rassurer dans leurs doutes les âmes timorées*. Paris. Julien, Lanier et C°. 4, rue de Buci. 1854.

PRIÈRE

A la sainte Vierge, pour obtenir une sincère conversion.

C'est à vous, Vierge sainte, que je m'adresse avec une entière confiance, tout indigne que je suis de vos bontés. Je sais que j'ai besoin d'une puissante protection auprès de Dieu, et que je la trouverai sûrement en vous. Enfin le temps est venu qu'il faut penser sérieusement à me convertir, ou prendre la funeste résolution de m'exposer à un danger évident d'être éternellement damné. La multitude et l'énormité de mes péchés, la patience prodigieuse avec laquelle Dieu, si grièvement et si opiniâtrément offensé, a soutenu ce vase de colère; les jours de salut et de bénédiction qui approchent, les mouvements intérieurs que je sens et qui sont manifestement la voix du Pasteur qui appelle la brebis égarée, me doivent convaincre que si je ne retourne à lui par une sincère pénitence, je risque de ne le pouvoir plus, d'être abandonné à la rage des démons, et de porter éternellement tout le poids des vengeances d'un Dieu méprisé.

· Cependant, sainte Mère de mon Sauveur, tout l'enfer s'oppose à mon bonheur; il fait des efforts extraordinaires pour m'empêcher de céder aux bontés de Dieu, et de sortir de la honteuse et cruelle servitude dans laquelle je gémis depuis tant de temps. Mère de miséricorde, me laisserez-vous sans appui dans un temps où j'ai un besoin si pressant de votre secours? Vous pouvez tout auprès de Dieu, puisque vous êtes sa mère; mais puisque, tout misérable que je suis, vous ne dédaignez pas de me regarder comme votre enfant, j'ai droit de tout espérer de vous. Obtenez-moi donc, ô la meilleure, la plus tendre et la plus bienfaisante de toutes les mères! une horreur extrême du péché, une vive douleur de l'avoir commis, une volonté ferme et inébranlable de ne le plus commettre, une résolution efficace d'en fuir l'occasion, et de rompre tout attachement déréglé ; enfin un désir ardent de réparer mes crimes par une confession parfaite et par une sincère pénitence. Si vous me ménagez cette grâce par votre puissante intercession, je vous promets pour tout le reste de mes jours un attachement inviolable à votre service, un amour tendre et respectueux pour vous, une confiance filiale en votre pouvoir, une application constante à vous honorer et à imiter vos vertus, afin qu'avec vous je bénisse éternellement dans le ciel votre Fils Jésus, qui vit et règne avec le Père et le Saint-Esprit dans tous les siècles des siècles.

PRIÈRE

A la sainte Vierge, pour obtenir la constance dans le bien.

Je reviens encore à vous, Vierge sainte, comme à celle qui après Jésus sera toujours ma plus douce espérance, et prosterné humblement devant vous, je vous conjure de ne me pas refuser votre secours, dont je me sens un besoin si pressant pour soutenir le grand ouvrage que j'ai commencé sous votre puissante protection.

Le démon, jaloux des grâces singulières que j'ai reçues de Dieu dans ces jours de salut, où j'ai tâché de me délivrer de la tyrannie de cet injuste usurpateur, fait des efforts extraordinaires pour rentrer dans mon âme et pour en chasser mon légitime Souverain. Le monde se joint à l'enfer pour m'entraîner dans la voie de la perdition, et cet imposteur, soutenu qu'il est par mes passions encore toutes vives et par le poids de mes méchantes habitudes, ne me paraît que trop aimable ; je dois craindre à chaque moment de me laisser séduire par ce perfide, si je ne suis puissamment soutenu. Je suis souvent à moi-même un aussi dangereux ennemi que le monde, que le démon, en écoutant trop mon imagination, et en me laissant aller tantôt au découragement, et tantôt à la présomption. Oserai-je vous le dire, Vierge sainte, c'est votre affaire aussi bien que la mienne, puisque après Dieu personne n'a eu tant de part que vous à ma conversion. Conservez donc, et perfectionnez par vos prières ce que par elles vous avez si heureusement commencé. Mère de miséricorde, vous ne souffrirez jamais que votre charité pour moi soit moindre que la confiance que j'ai en vous, ni que le serpent dont vous avez écrasé la tête, fasse plus pour me perdre que vous pour me sauver. Obtenez-moi donc, ô la meilleure et la plus charitable de toutes les mères! un mépris sincère de tout ce que le monde a de plus flatteur, une véritable horreur de ses maximes, une foi vive, une piété tendre et solide, un attachement inviolable à tous mes devoirs, une dure et juste sévérité pour moi, une charité tendre et compatissante pour mon prochain, un amour ardent et généreux pour votre Fils; afin qu'après l'avoir servi fidèlement sur la terre, je puisse avec vous le bénir éternellement dans le ciel. Ainsi soit-il.

PRIÈRE

A saint Joseph.

Chaste époux de la plus pure de toutes les vierges et de la plus heureuse de toutes les mères, écoutez favorablement l'humble prière que je vous adresse. Je ne puis douter que vous n'ayez auprès de Jésus un pouvoir très-grand et très-singulier, et je ne suis point surpris que l'admirable Térèse ait dit *qu'elle ne demandait rien à Dieu par votre intercession sans être exaucée.* Avant que le Ciel vous confiât le plus précieux de tous les dépôts, en vous chargeant d'élever et de nourrir le Sauveur du monde, il avait mis en vous des trésors de grâce et de sainteté proportionnés au glorieux emploi qu'il vous destinait. Mais qui pourrait dire

combien ces richesses immenses s'ac-
crurent par la liaison très-intime et
par les conversations toutes divines que
vous avez eues avec lui et avec sa
sainte Mère pendant un grand nombre
d'années ? Avoir si longtemps sous les
yeux le Verbe incarné, ce parfait mo-
dèle de sainteté, entendre tous les
jours les sacrés oracles qui sortaient
de sa bouche divine, quel bonheur !
mais mourir entre les bras de Jésus,
quelle fin plus heureuse que celle-là ?
Votre gloire et votre pouvoir dans le
ciel répondent à l'éminente sainteté
que vous avez eue sur la terre ; soyez
donc mon avocat auprès de Jésus.
Vous dont les rares vertus ont été cachées sous un extérieur si humble et
si commun, obtenez-moi que ma vie
soit comme doit l'être celle de tout
chrétien, cachée en Dieu avec Jésus-
Christ. Demandez pour moi les vertus

qui vous ont rendu plus agréable à
Dieu : une pureté angélique, une humilité sincère, une union tendre avec
Jésus et Marie; enfin le précieux don
d'oraison, qui est la source de toutes
les autres grâces. Priez pour mon
salut si souvent et si efficacement,
qu'après une conduite toute chrétienne, je puisse espérer de mourir
sous la protection de Jésus, qui vit et
règne avec le Père et le Saint-Esprit,
dans tous les siècles des siècles. Ainsi
soit-il.

PRIÈRE

A l'Ange Gardien.

Sainte Intelligence, qui, depuis le
premier moment de ma vie, n'avez
pas cessé de me protéger et de me dé-

fendre ; généreux et constant ami, qui ne vous êtes point rebuté de ma négligence à profiter des charitables soins que vous avez daigné prendre de ma conduite et de mon salut, c'est avec un sensible regret que je vous demande pardon d'avoir jusqu'ici si mal répondu au zèle ardent que vous avez eu pour moi. Sans vous j'aurais péri mille fois, et mes péchés continuels m'auraient souvent attiré les plus grands malheurs, si vous n'aviez apaisé la juste colère de Dieu. C'est par votre intercession que j'ai reçu une infinité de grâces, et presque toujours mes prières lâches et imparfaites auraient été rebutées si elles n'avaient été présentées par vous. Je sens tout ce que je vous dois, mais je sens aussi combien j'ai été peu reconnaissant d'une charité si pure et si efficace. A peine ai-je pensé à vous remercier de

la moindre partie de vos bienfaits,
et quand je l'ai fait, ç'a été si froide-
ment, que je dois être bien confus
d'avoir été si peu sensible à vos bontés. Mais je désire sincèrement de
m'acquitter d'un devoir si juste; et
parce que la principale reconnaissance
que vous attendez de moi, c'est
que, attentif à tout ce que vous me demandez, je marche constamment par
la voie que vous daignez me marquer;
que je ne fasse et que je ne dise rien
en votre présence qui soit indigne d'un
chrétien; que je tâche enfin de vous
imiter, en joignant dans toutes mes actions, avec une attention continuelle
à Dieu, une fidélité constante à suivre
ses volontés. O vous! qui connaissez
si bien ma faiblesse, la violence de
mes passions et la malice si redoutable
des ennemis qui désirent si ardemment de me perdre, aidez-moi à dé-

couvrir tous leurs artifices, à éviter tous leurs piéges et à vaincre toutes leurs tentations; faites que je n'oublie jamais que sous les yeux d'un Dieu infiniment pur et en présence de son saint Ange, qui ne me quitte pas un moment, je dois avoir en horreur tout ce qui peut blesser tant soit peu la pureté; apprenez-moi à faire des prières si ferventes, qu'elles soient comme un parfum excellent que vous présentiez volontiers devant le trône de Dieu, afin que vous me présentiez moi-même à lui après ma mort, et que j'en sois reçu favorablement. Ainsi soit-il.

ACTES DES VERTUS THÉOLOGALES.

Acte de Foi.

Mon Dieu, je crois fermement tout ce que la sainte Église catholique, apostolique et romaine m'ordonne de croire, parce que c'est vous, ô vérité infaillible ! qui le lui avez révélé.

Acte d'Espérance.

Mon Dieu, j'espère avec une ferme confiance que vous me donnerez, par les mérites de Jésus-Christ, votre grâce en ce monde, et, si j'observe vos commandements, votre gloire dans l'autre ; parce que vous me l'avez promis, et que vous êtes souverainement fidèle dans vos promesses.

Acte de Charité.

Mon Dieu, je vous aime de tout mon cœur et par-dessus toutes choses, parce que vous êtes infiniment bon et infiniment aimable ; j'aime mon prochain comme moi-même pour l'amour de vous.

NOTA. « Benoît XIV, en 1756, a accordé à tous les fidèles : 1° sept ans d'indulgences chaque fois qu'ils formeront ces actes de bouche et dans leur cœur ; 2° une indulgence plénière une fois chaque mois ; 3° une pareille indulgence, à l'article de la mort, à tous ceux qui auront été fidèles à faire une fois chaque jour ces trois actes, en y joignant le motif de ces trois vertus. »

PRIÉRE

Pour le renouvellement des vœux du Baptême.

Grâces vous soient rendues, ô mon Dieu! pour le don ineffable que vous m'avez fait. J'étais dans les ténèbres, et vous m'en avez tiré pour m'appeler à votre admirable lumière. J'étais mort par le péché, et vous, mon Dieu, qui êtes riche en miséricorde, vous m'avez rendu la vie en Jésus-Christ par l'eau de la régénération. J'étais, par ma naissance, enfant de colère, et vous m'avez rendu participant de la nature divine, par le renouvellement du Saint-Esprit que vous avez répandu sur moi avec une riche effusion, afin qu'étant justifié par votre grâce, je devienne héritier de la vie éternelle,

Qu'il est juste que je vous aime, ô mon Père! puisque vous m'avez tant aimé le premier. Et comment, après être mort au péché, serais-je assez malheureux pour vivre encore dans le péché! Que je n'oublie jamais, mon Dieu, qu'en recevant le baptême de Jésus-Christ, je me suis dépouillé du vieil homme qui se corrompt en suivant l'illusion de ses passions, et que j'ai été revêtu de l'homme nouveau, qui est Jésus-Christ même. Que je n'aime donc ni le monde, ni ce qui est dans le monde, mais qu'ayant le bonheur d'être à Jésus-Christ, je crucifie ma chair avec ses passions et ses désirs déréglés. Que je vive par l'esprit de Jésus-Christ et que je sois dans les mêmes dispositions et les mêmes sentiments où il a été. Que je sois devant vous, ô mon Dieu! comme un enfant nouvellement né, éloigné de toutes sortes de malices, de tromperies et de dissimulations, et soupirant ardemment après le lait spirituel et tout pur de votre parole, qui me fasse croître pour le salut. Ne permettez pas que j'attriste jamais par le péché votre Esprit-Saint, dont vous m'avez marqué comme d'un sceau, et que vous m'avez donné pour arrhes de l'immortalité qui m'a été promise. Que je porte, par votre grâce, les fruits de toutes sortes de bonnes œuvres; afin qu'après avoir vécu d'une manière digne de vous, j'arrive au royaume et à la gloire à laquelle vous m'avez appelé. Ainsi soit-il.

MÉTHODE

POUR VISITER NOTRE SEIGNEUR JÉSUS-CHRIST

AU TRÈS-SAINT SACREMENT

PAR LE R. P. J. CROIZET

De la compagnie de Jésus.

MÉTHODE

POUR VISITER NOTRE SEIGNEUR JÉSUS·CHRIST

Au très-saint Sacrement.

Jésus-Christ a choisi nos églises pour y faire sa demeure ; son amour extrême pour ses enfants ne lui a pas permis de se séparer de nous. Il est réellement présent sur nos autels, prêt à toute heure à recevoir nos hommages et nos vœux, prêt à pourvoir à tous nos besoins, prêt à satisfaire pour nous auprès de son Père. Il ne faut ni être de qualité pour être admis devant lui, ni être d'un certain rang, ni être en faveur, ni attendre le moment heureux ; l'entrée n'est fermée à personne.

on a audience dès qu'on veut, et l'on est toujours bien reçu dès qu'on se présente. Est-il possible que des personnes raisonnables, qui savent ce qu'elles doivent à Jésus-Christ et combien elles sont obligées envers sa justice, exposées à mille périls, pleines de besoins, accablées de misères, est-il possible que ces personnes, d'ailleurs si ardentes pour leurs intérêts, croient tout ceci et soient d'une effroyable indifférence pour Jésus-Christ ; qu'elles l'oublient tous les jours sur les autels, ne daignent pas rendre une visite à Celui à qui elles doivent tout, de qui elles attendent tout, qu'elles regardent comme leur Souverain, leur Dieu, leur Sauveur, leur Juge ? Voilà ce qui paraît aussi incompréhensible que l'éternité elle-même.

1. Quelle nation si illustre et si puissante, disait Moïse, a jamais eu un

Dieu aussi aimable, aussi condescendant que le nôtre, et qui daignât s'approcher aussi près qu'il s'approche de nous pour écouter nos prières et pourvoir à tous nos besoins? *Nec est alia natio tam grandis quæ habeat Deos appropinquantes sibi, sicut Deus noster adest cunctis obsecrationibus nostris.* (Deut. vi. 7.) Mais ne pourrait-on pas ajouter : Et quel peuple si grossier et si barbare, instruit de nos mystères, pourrait jamais croire que les adorateurs de ce Dieu ne daignent presque pas paraître devant ses autels, l'oublient jusqu'au point de rester des mois entiers sans lui rendre visite, quoiqu'on passe plusieurs fois le jour devant ses temples, quoique le plus petit prince ne paraisse jamais dans une ville sans qu'on s'empresse de lui rendre visite et qu'on se prive de tout pour l'honorer?

2. Ignore-t-on que, sans Jésus-Christ, nous ne pouvons rien, et qu'avec lui nous pouvons tout. *Sine me nihil potestis facere* (JOAN. xv); qu'en Jésus-Christ nous trouvons tous les biens imaginables; que hors de lui nous ne rencontrons que misères : *Quomodo non etiam cum illo omnia nobis donavit* (ROM. viii); que ce trésor infini est caché pour bien des gens?

3. « Dans quelque état que vous soyez, dit saint Ambroise, soit que les péchés de la chair vous dominent, soit que vous soyez attaché au siècle par les liens de la cupidité, soit que vous vous efforciez de sortir de vos imperfections, soit que vous ayez fait de grands progrès dans la vertu, approchez de Jésus-Christ, faites la cour à Jésus-Christ, rendez-lui visite, et vous trouverez en lui tous les secours dont vous avez besoin : *Omnia habemus in Chris-*

to , omnia nobis Christus est. (Lib. III
de Virginitate.)

« Voulez - vous guérir vos plaies,
continue ce grand Saint , Jésus-Christ
est un excellent médecin. Êtes-vous
brûlé de la fièvre , il est une fontaine
qui vous rafraîchira. Gémissez-vous
sous le poids de vos iniquités , il vous
en déchargera , car il est la justice
même. Si vous avez besoin de secours,
il est la force ; si vous craignez la
mort , il est la vie ; si vous désirez le
ciel , il est le chemin qui y conduit ;
si vous fuyez les ténèbres , il est la
lumière ; si vous cherchez votre nourriture , il est le pain vivant. Quel
malheur de ne courir point à la source
de tant de biens ! Goûtez donc , conclut
ce saint , et convainquez-vous combien le Seigneur est doux. Oh ! qu'heureux sont ceux qui , mettant en lui
toute leur confiance , ont continuelle-

ment recours à lui. *Beatus vir qui
sperat in eo.* (Psal. xxxiii.)

4. Avec quelle assiduité fait-on la cour
aux princes! Que de fréquentes visites
à ceux qui peuvent nous être de quelque utilité et qui peuvent servir à
notre fortune! Est-il possible que des
gens oisifs, ennuyés même de leur
oisiveté, croient que Jésus-Christ est
sur nos autels, et qu'ils ne daignent
pas une fois le jour lui rendre visite.
*Medius vestrum stetit quem vos nesci-
tis.* (Joan. 1.)

5. On entreprend quelquefois des
voyages pour aller révérer les précieuses reliques des Saints; on va chercher
bien loin ces corps que Dieu, par un
privilége spécial, a préservés de la corruption; quelle consolation de pouvoir aller visiter les Lieux Saints que
Jésus-Christ a rendus vénérables par
sa présence. Avec quelle dévotion se

transporte-t-on dans les lieux où l'on conserve précieusement quelque morceau de la vraie Croix, quelques-unes des Épines de la couronne du Sauveur ou son suaire. A Dieu ne plaise qu'on trouve à redire à ces dévotions, elles sont louables. Les reliques, les corps des Saints, ces illustres organes dont le Saint-Esprit s'est servi pour opérer tant de merveilles, sont dignes de notre vénération ; les clous, les épines et tous les instruments de la Passion de Jésus-Christ méritent un culte particulier. Mais comment accorder ces pieux empressements pour toutes ces précieuses reliques avec notre indifférence pour la sainte Eucharistie. Nous y avons, non pas les ossements de quelque Saint, mais le Corps vivant et animé du Saint des Saints ; nous y avons, non pas la Croix et les Épines qui ont servi au sacrifice de Jésus-

Christ, mais son véritable Corps, mais
son Sang précieux, mais Jésus-Christ
lui-même, qui s'immole à tous moments pour nous à son Père.

6. Avec quel transport de joie entre-
t-on dans cette étable ou Jésus-Christ
a pris naissance ; dans ce cénacle où il
a célébré avec les Apôtres la dernière
pàque ; sur le Calvaire où il a répandu
tout son Sang, dans ce sépulcre où
son sacré Corps est resté trois jours ;
enfin sur le Thabor où il a voulu laisser
ses vestiges. Et ne savons-nous pas que
nos Églises sont plus respectables que
tout cela. Jésus-Christ n'a fait que
passer dans tous ces lieux saints ; mais
il est jour et nuit réellement présent sur
nos autels, il fait son séjour ordinaire
dans le ciel et dans nos églises. Et des
gens qui le croient, ne sont pas jour et
nuit aux pieds des autels ! Et nous pouvons passer une demi - journée sans

l'aller visiter dans nos églises ! *Populus autem meus oblitus est mei.* (JÉRÉM. II.) Voilà ce que nous ne comprendrions pas, voilà ce que nous ne pourrions pas croire, si notre malheureuse expérience ne nous en convainquait.

Pour remédier à un si grand mal, gardez les règles et la méthode suivantes.

7. Faites-vous une loi de ne passer jamais le jour sans avoir fait une visite particulière à Jésus-Christ dans le saint Sacrement.

Il y a des visites de devoir ou de civilité ; il y en a de pure amitié. Si l'on manquait à celles-là, ce serait une faute, mais les faveurs singulières ne se font d'ordinaire qu'à celles-ci. Les jours de grandes fêtes, le temps de la messe et de l'office divin sont, à l'égard de Jésus-Christ, ce que sont à l'égard des grands les visites de devoir et de civilité : on serait remarqué, on serait même puni si l'on ne s'y trouvait avec la foule ; mais les visites qui se font à certaines heures du jour, où Jésus-Christ n'est presque point visité, où même la plupart des gens l'oublient, ce sont des visites d'ami. C'est en ce temps-là, plus qu'en tout autre, que Jésus-Christ converse plus familièrement avec ses amis ; qu'il se communique confidemment à eux ; qu'il leur ouvre son Cœur ; qu'il répand sur eux le trésor de toutes ses grâces ; et soit que l'indifférence de ceux qui l'oublient pour lors rende plus agréables au Sauveur la dévotion et la fidélité de ceux qui le visitent, tous les Saints ont expérimenté qu'il n'est pas de moyen plus infaillible pour nourrir la piété et pour obtenir les plus grande grâces, que de faire régulièrement tous les jours une visite à

Jésus-Christ dans l'église, surtout à certaines heures de l'après-midi, où il est moins honoré, moins visité.

8. Réfléchissez toujours à ce qu'on pense quand on va se présenter devant un roi pour l'honorer et en obtenir audience.

Entrez dans l'église avec toute la modestie et tout le respect que demande le lieu où Jésus-Christ fait sa demeure ; vous pouvez dire en entrant ces paroles du Prophète : *Ego autem in multitudine misericordiæ tuæ, introibo in domum tuam, adorabo ad templum sanctum tuum confitebor nomine tuo.* Plein de confiance en votre grande miséricorde, je vais entrer dans votre maison, Seigneur, et pénétré d'un religieux respect en présence de votre Majesté divine, je vais vous adorer sur cet autel comme sur votre trône, et louer votre saint nom, si salutaire à ceux qui l'invoquent dans ce saint lieu.

9. Humblement prosterné à ses pieds, adorez celui devant qui tout ce qu'il y a dans le ciel, sur la terre et dans les enfers fléchit les genoux. Demeurez quelques moments en silence ; il est d'ordinaire plus utile, quand on est devant Jésus-Christ, de méditer beaucoup et de parler peu. Le langage du cœur plaît beaucoup plus à Jésus-Christ dans ces sortes de visites qu'un grand nombre de prières vocales faites avec précipitation, et bien souvent sans attention. L'amour extrême de Jésus-Christ à notre égard, sa bonté, sa douceur, sa libéralité et sa patience dans cet adorable mystère, doivent exciter en nous les affections les plus tendres. Ces sentiments de respect, de gratitude, de constance et de tendresse pour Jésus-Christ doivent nous occuper tout le temps.

10. On doit aller visiter Jésus-Christ dans le même esprit et pour la même fin que les anges, les pasteurs et les rois le visitèrent après sa naissance, c'est-à-dire pour l'adorer et lui rendre nos hommages comme à notre souverain Maître.

Ou comme les apôtres et les disciples, pour l'entendre prêcher, lui disant avec Samuel : Parlez, parlez, mon divin Maître, et faites-vous entendre à un cœur qui ne vient ici que pour vous écouter : *Loquere, Domine, quia audit servus tuus.*

Ou comme Madeleine, prosternés à ses pieds pour pleurer nos péchés, ou pour y contempler ses perfections admirables.

Ou enfin comme tant de malades qui recouraient à lui pour lui demander la santé.

11. Pénétré d'une foi vive, plein

d'une sainte confiance, découvrez à Jésus-Christ vos infirmités, vos besoins, vos faiblesses, et répandez devant lui votre cœur comme dit le prophète : *Effundite coram illo corda vestra.* (Psal. 61.) Tantôt lui disant avec les sœurs du Lazare : *Ecce quem amas infirmatur.* Seigneur, celui que vous aimez est malade; celui pour qui vous vous êtes fait homme; celui pour qui vous avez donné tout votre sang ; celui pour l'amour duquel vous demeurez continuellement sur cet autel ; celui à qui vous vous donnez vous-même tous les jours pour nourriture dans l'adorable Eucharistie : *Ecce quem amas.* Celui-là est tourmenté par une telle passion, *infirmatur;* celui-là a besoin de ce secours, de cette grâce, *infirmatur.* Serai-je le premier qui aurai eu confiance en vous, et que vous n'aurez pas écouté ?

12. D'autres fois, animés d'une vive foi, dites-lui avec le lépreux : *Domine si vis potes me mundare* : Seigneur, je suis depuis longtemps dans de grandes infirmités spirituelles ; je n'ai point de courage dans les dangers du salut ; je n'ai point de constance dans la pratique du bien ; je n'ai point de dévotion, je suis lâche à votre service ; je suis orgueilleux, peu charitable, envieux, emporté : voilà bien des misères, voilà bien des maladies ; mais vous pouvez me guérir : *Potes me mundare*, si vous le voulez : *Si vis.* Et pourquoi ne le voudriez-vous pas ? et après tout ce que vous avez fait en ma faveur ; après ce que vous faites encore tous les jours, puis-je douter que vous ne le vouliez ; et si vous ne le voulez, à qui irai-je ?

13. Quelquefois pensez que vous êtes aux pieds de Jésus-Christ, comme Ma-

delcine ; et si vous ne sentez pas assez de dévotion pour verser autant de larmes qu'elle, demeurez du moins en silence et en contemplation comme elle ; ou, si vous parlez, que ce ne soit que pour exprimer comme saint Thomas les sentiments d'admiration, de respect et d'amour dont nous devons tous être pénétrés, en lui disant avec une foi vive : *Dominus meus et Deus meus,* vous êtes mon Seigneur et mon Dieu. *Quid mihi est in cœlo, et a te quid volui super terram ?* Qu'ai-je à désirer dans le Ciel et que puis-je aimer sur la terre, si ce n'est vous, ô Dieu de mon cœur ! ô Dieu mon partage pour jamais ! Ne trouverai-je pas sur cet autel tout ce qui fait le bonheur des Saints dans le Ciel et la félicité des Anges sur la terre ? *Fortitudo mea et refugium meum es tu.* Vous êtes toute ma force et mon unique refuge. Vous êtes ma consolation et mon trésor, en qui je veux mettre mon cœur. *Ecce qui elongant se a te , peribunt.* Ah! qu'il est bien vrai que ceux qui ne daignent pas vous venir rendre leurs hommages courent grand risque de se perdre ; que ceux qui s'éloignent de vous périront. *Mihi autem adhærere Deo bonum est : ponere in Domino Deo spem meam.* Pour moi, je fais consister tout mon bonheur à m'attacher à vous, à mettre en vous mon espérance, à vous venir faire régulièrement ma cour. Je crois, mon Sauveur ; oui , je crois cette grande merveille , *Domine , adjuva incredulitatem meam.* Mais faites que ma foi soit toujours plus vive ; faites que mes actions , mon amour, mon respect en votre présence prouvent que je crois.

14. On peut aussi, à l'exemple de la femme chananéenne , demander à cet

aimable Sauveur¹, avec instance et avec une sainte opportunité, tous les secours et toutes les grâces dont on a besoin. Persuadés que Jésus-Christ nous aime avec tendresse, qu'il n'est sur cet autel que pour nous faire du bien, qu'il le peut, qu'il le veut, dites-lui avec confiance : *Jesu Fili David, miserere mei.* Jésus, fils de David, ayez pitié de moi ; laissez-vous toucher à ma misère, rendez-vous favorable à mes vœux ; et, quoiqu'il semble ne point nous écouter, persévérons avec fidélité ; demandons toujours avec plus d'insistance ; crions toujours davantage : Seigneur, assistez-moi. Il est vrai, pouvons-nous ajouter, qu'il n'est pas raisonnable de prendre le pain des enfants et de le jeter aux chiens ; mais les petits chiens mangent cependant les miettes qui tombent de la table de leur maître : traitez-moi du moins de la sorte. Mais enfin vous vous donnez vous-même à moi, et comment pourrais-je ne pas attendre tout le reste de vous.

15. On peut encore accompagner cette persévérance à demander d'une nouvelle et respectueuse confiance en lui disant : Vous vous êtes solennellement engagé, Seigneur, de m'accorder tout ce que je demanderai à votre Père en votre nom : c'est en votre nom que je lui demande la grâce de me corriger de cette imperfection, qui m'arrête dans le chemin de la piété ; la grâce de vaincre cette passion dominante qui est la source de tant de fautes ; la grâce d'acquérir cette vertu si nécessaire pour mon salut.

C'est en votre nom que je vous demande la conversion de ce parent, de cet ami, le succès de cette affaire, si c'est pour mon salut et pour votre gloire ; la bénédiction sur mon emploi, sur mes études, sur mon travail, sur ma famille.

Vous savez, mon doux Jésus, que j'ai ce défaut ; que je n'ai pas cette vertu ; que j'ai besoin de courage dans les adversités, de modération dans la joie, de force dans telle ou telle occasion, de grandes grâces partout.

Vous savez que je n'ai pas assez de foi, que ma confiance est quelquefois chancelante, et que je ne vous aime que faiblement. Vous savez que je suis entouré d'ennemis ; que dans le monde tout est tentation, tout est plein de piéges. Assistez-moi donc, Seigneur, au milieu de tant de périls ; donnez-moi de puissants secours : donnez-moi de plus grandes grâces, afin que je vous aime et que je vous serve avec plus de fidélité.

Peut-être, quand je vous demande

cette santé, ce succès, ces secours tem-
porels, je ne sais ce que je vous
demande. Daignez, Seigneur, redres-
ser vous-même et rectifier mes désirs,
mais du moins suis-je bien sûr que ce
que je vous demande vous est agréable
lorsque je vous demande votre amour.
Donnez-le moi, ô Seigneur ! ce parfait
amour, cet amour généreux et constant, cet amour très-ardent et très-
tendre ; et je serai content. *Amorem
tui solum cum gratia tua mihi dones et
dives sum satis.*

16. Il est bon quelquefois de penser
aux sujets qu'on a donné à Dieu d'être
en colère contre nous, et de punir sévèrement nos crimes. Considérant le
Père Éternel irrité, prêt à nous faire
sentir les effets de sa justice, offrons-
lui Jésus-Christ sur nos autels comme
la seule victime digne de lui, et par
laquelle nous pouvons rendre hom-

mage à son suprême domaine, reconnaître ses bienfaits, satisfaire abondamment à sa justice, et obliger sa miséricorde à nous pardonner, lui disant avec le prophète : *Respice in faciem Christi tui.* (Ps. 83.)

Il est vrai, mon Dieu, que je mérite d'être traité comme un serviteur rebelle ; mais regardez, Seigneur, ce cher Fils parfaitement obéissant, qui vous offre lui-même en ce moment, sur cet autel, les profonds abaissements où il est pour le pardon de mes infidélités de ma désobéissance. *Respice in faciem Christi tui.*

Par quelque endroit que votre justice me prenne, je lui présente d'abord ce Fils bien-aimé pour la désarmer. Quand je verrais votre colère, cent fois sur le point d'éclater sur moi, cent fois je vous dirais la même chose : *Respice in faciem Christi tui.*

17. Je ne mérite rien, il est vrai, mais je vous offre une victime qui mérite tout. Je consens que vous me refusiez et le pardon de mes péchés, et de nouvelles grâces, si Celui que je vous offre ne vous a pas pleinement satisfait ; mais vous ne sauriez rien refuser de tout ce que je vous demande en vertu des mérites de Jésus-Christ votre cher Fils ; en vertu de ses souffrances et de sa mort, dont le mérite nous appartient par le transport qu'il nous en a fait. *Respice in faciem Christi tui.*

Je vous demande beaucoup, Père Éternel, il est vrai, mais je vous offre le Corps, le Sang, la vie de votre cher Fils immolé sur cet autel, en retour de tout ce que je vous demande. Que puis-je désirer de trop grand pour tout ce que je vous présente : *Respice in faciem Christi tui.* Regardez ce cher Fils l'objet de vos complaisances et voyez si, en vertu d'une si précieuse victime, vous pourriez me rien refuser.

18. Enfin faisant quelquefois réflexion au peu d'adorateurs qui viennent honorer Jésus-Christ dans nos églises, tandis qu'on va en foule dans les assemblées profanes et dans les lieux de divertissement, imaginez-vous que le Sauveur, touché de voir si peu de monde à ses pieds, s'adresse à vous et vous dit comme il disait à ses disciples : *Numquid et vos vultis abire* : Et vous, mon fils, ne voulez-vous point aussi me quitter ? Et en même temps, pénétré des plus tendres sentiments d'amour, de regret et de reconnaissance, faites une nouvelle protestation de fidélité, une nouvelle profession de foi et de dévouement à son service, et répondez-lui comme saint Pierre : *Domine, ad quem ibi-*

mus ! verba vitæ æternæ habes. Quoi ! mon Dieu, que je vous quitte pour aller au service de vos ennemis ? Quoi! mon Dieu, que je vous oublie pour un vil intérêt temporel, pour mon divertissement, pour l'amour des hommes ; et si je vous quittais, qui pourrait me dédommager d'une si grande perte! Quels devoirs de civilité, quelle bienséance doivent me dispenser de vous honorer ? Vous avez des paroles de vie, vous êtes mon Roi, mon Sauveur, mon Dieu, mon souverain Maître que je veux servir avec fidélité et avec amour le reste de mes jours.

19. Imaginez-vous quelquefois que vous êtes ce publicain dont parle l'Évangile, qui, le cœur contrit et humilié au souvenir de ses fautes, se tenait au bas du temple, n'osant pas seulement lever les yeux, et frappant sa poitrine, vous direz comme lui :

Deus propitius esto mihi peccatori.
Voici, ô mon père ! ô le meilleur de
tous les pères ! le plus ingrat et le plus
indigne de vos enfants. J'ai péché ; oui,
j'ai péché, je le confesse, et c'est dans
cet aveu que je cherche mon salut. Il
n'est pas besoin qu'on se porte pour
accusateur contre moi : ah ! j'ai péché,
mon père, ne me reprochez pas les dé-
sordres de ma vie ; quoi que vous puissiez dire, vos reproches n'égaleront pas
ceux que me fait mon cœur.

Peccavi in cœlum et coram te. J'ai
péché, mais j'ai péché en manquant de
respect envers le meilleur de tous les
pères ; j'ai péché en outrageant ce père
qui m'a fait connaître par des traits
si sensibles et si marqués les bontés
infinies qu'il avait pour moi ; combien
il souhaitait d'être mon père d'une
manière toute spéciale. C'est ce que je
connais, quand je veux rappeler tous

les jours de ma vie passée, par des
événements si singuliers, des rencon-
tres si favorables, des marques si
visibles de protection. Tel est le père
que j'ai tant de fois offensé, vous avez
souffert tranquillement mes infidélités, vous ne vous êtes pas lassé de
m'attendre. Mais cette même bonté,
mon aimable Sauveur, cette bonté qui
est le fondement le plus solide de mon
espérance, est aussi le motif le plus
pressant de ma douleur. Il me semble
que je ressentirais moins mes offenses
si vous aviez moins de bonté, si vous
m'aviez moins aimé, si vous m'aviez
moins fait de grâces ; et c'est parce
que vous êtes bon par excellence, que
je sens croître mon regret d'avoir
offensé, irrité un Dieu qui, malgré mes
péchés, n'a pu consentir à ma perte.

Peccavi, j'ai péché, mon Dieu, et
cependant vous n'avez point cessé

d'être mon père, quelque efforts que j'aie faits pour n'être plus votre fils. Me voici, Seigneur, prosterné à vos pieds pour implorer encore votre miséricorde ; c'est ici où elle règne, et c'est aussi surtout dans ce saint lieu que vous ne sauriez rejeter un cœur contrit et humilié. *Cor contritum et humiliatum, Deus, non despicies.*

20. C'est encore une sainte pratique de se regarder aux pieds de Jésus-Christ comme ce jeune homme de l'Évangile, qui lui demandait des instructions pour son salut ; dites à Jésus-Christ : *Magister, quid faciendo vitam æternam possidebo?* Et écoutez dans un grand recueillement ce qu'il vous dira au fond du cœur. Il vous dira ce que tant de sages et zélés directeurs vous ont dit tant de fois, ce que vous ont dit tant de saints prédicateurs, ce que tant de livres de piété vous disent encore tous

les jours, ce que votre conscience, ce que votre religion vous dit, ce que l'Évangile vous apprend, enfin ce que vous vous direz à vous-même à l'heure de la mort ; méditez quelque temps ces importantes vérités, et faites à présent ce que vous seriez au désespoir de n'avoir pas fait à cette dernière heure.

21. Avant que de sortir de l'église, demandez toujours à Jésus-Christ sa bénédiction, lui disant comme dit autrefois Jacob à l'Ange : *Non dimittam te nisi benedixeris mihi.* Seigneur, je ne m'en irai point que vous ne m'ayez donné votre bénédiction.

22. Il y a plusieurs autres pratiques de piété dont on peut se servir utilement dans ces visites. On peut y faire un peu de méditation ; on peut y dire le chapelet ; la communion spirituelle est une dévotion propre de ces visites. Mais quelque pratique de piété

quelque prière qu'on fasse, on doit se souvenir toujours que c'est à Jésus-Christ, que c'est aux pieds de Jésus-Christ qu'on la fait.

Comme il n'est point de dévotion plus raisonnable ni plus utile que ces sortes de visites au très-saint Sacrement, on en a parlé au long pour en faciliter l'usage à toutes sortes de personnes.

Louanges et actions de grâces incessantes au très-haut et très-divin sacrement de l'autel, gage de l'immense amour du Cœur sacré de Jésus pour nous.

FIN.

TABLE DES MATIÈRES